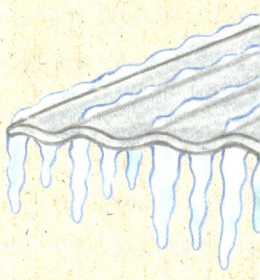

그림으로 처음 만나는
계절도감

1판 1쇄 발행 2019년 6월 5일
개정판 1쇄 발행 2024년 11월 15일

지은이 황은주
그린이 강은경

펴낸이 윤상열
기획편집 서영옥 최은영 **디자인** 맥코웰 **마케팅** 윤선미 **경영관리** 김미홍
펴낸곳 도서출판 그린북 **주소** 서울 마포구 방울내로11길 23 두영빌딩 3층
전화 02-323-8030~1 **팩스** 02-323-8797
이메일 gbook01@naver.com **블로그** blog.naver.com/gbook01

ⓒ 황은주 2019

이 책의 출판권은 도서출판 그린북에 있습니다. 저작권법에 의해 한국 내에서
보호받는 저작물이므로 무단 전재와 무단 복제를 금합니다.
ISBN 978-89-5588-900-0 73030

*도서출판 그린북은 미래의 나와 즐거운 세상을 만들어 가는 콘텐츠를 만듭니다.
*도서출판 그린북은 독자 여러분의 소중한 의견과 원고를 기다립니다.
*잘못 만들어진 책은 구입하신 곳에서 바꾸어 드립니다.

KC마크는 이 제품이 공통안전기준에 적합하였음을 의미합니다.
제조국: 대한민국 사용 연령: 6세 이상
책장에 손이 베이지 않게, 모서리에 다치지 않게 주의하세요.

그림으로 처음 만나는
계절도감

황은주 글 강은경 그림

그린북

사계절이 아름다운 우리나라!

아름다운 나라, 대한민국! 우리가 살고 있는 우리나라가 아름다운 이유는 사계절이 있기 때문이에요. 사계절은 봄, 여름, 가을, 겨울을 말해요. 각각의 계절은 다른 색깔과 모습을 가졌지요.

계절의 시작이라고 할 수 있는 봄에는 우리도 신나게 학교생활을 시작해요. 푸릇푸릇한 새싹이 조금씩 자라나면서 어느새 산은 연둣빛으로 물들고 노랑, 분홍, 하양 등 여러 물감을 풀어 놓은 듯한 꽃동산을 만날 수 있어요. 꽃향기 가득한 봄을 느끼기 위해 친구들과 봄 소풍을 가기도 해요.

햇볕이 쨍쨍한 여름에는 땀이 줄줄 흐르지만 시원한 바람이 부는 산이나 푸른 파도가 넘실대는 바다를 찾아가는 신나는 계절이기도 해요. 시원하고 달콤한 먹거리를 찾기도 하고 에어컨이나 선풍기로 더위를 물리치기도 해요. 우리들은 여름 방학을 즐겨요.

　더운 계절이 물러가고 시원한 바람이 부는 가을이 되면 나무들은 울긋불긋한 옷으로 갈아입어요. 넓디넓은 들판은 온통 황금색으로 물들고 열심히 지은 한 해 농사를 거둬들여요. 활동하기 좋은 가을에는 책도 많이 읽고, 바깥 활동도 많이 해요.

　계절의 마지막은 겨울이에요. 흰 눈이 내리는 겨울에는 신나게 썰매도 타고 눈싸움도 해요. 따뜻한 난로도 켜고 두꺼운 외투를 입어 추위를 막아요. 따끈한 호빵과 군고구마, 군밤 등 맛있는 겨울 간식을 먹기도 해요.

　이렇게 사계절의 모습은 각각 달라요. 계절마다 달라지는 자연의 여러 모습, 그리고 그 계절에 맞게 살아가는 우리들의 모습도 다르지요. 계절에 맞는 옷을 입어야 하고 계절마다 먹을거리도 달라요. 계절에 맞게 활동할 수 있는 다양한 일들도 많아요. 우리의 생활 곳곳에는 계절이 만들어 내는 각기 다른 다양한 이야기들이 있어요. 자연과 우리들의 모습은 계절마다 어떻게 달라지는지 만나 보아요.

지은이 황은주

봄이 왔다는 소식을 전해요 12
기지개를 켜고 겨울잠에서 깨어나요 14
봄나물로 봄의 기운을 맛보아요 16
봄이 되면 나무에서 꽃이 피고 새순이 돋아요 18
한 해의 농사를 시작해요 20
따듯했다가 추웠다가 변덕이 심해요 22
꽃들의 잔치가 열려요 24
복을 바라며 봄을 맞아요 26
새 생명의 시작을 담고 있는 속담이에요 28
입맛 살리는 봄 음식을 먹어요 30
활기차게 봄을 보내요 32

우리나라에서도 열대 과일을 심고 가꾸어요 34

봄

여름

비가 많이 내리고 햇살이 뜨거워요 38
뜨거운 햇빛 아래 활짝 피어올라요 40
시원하고 달달한 여름 열매를 먹어요 42
더워도 신나게 날아다녀요 44
녹색이 한껏 진해져요 46
먹이를 찾아서 날아왔어요 48
해가 점점 더 높게 떠요 50
농사일로 눈코 뜰 새 없이 바빠요 52
건강하게 여름을 보내요 54
목마름을 풀고 시원하게 먹어요 56
여름 농사에 도움이 되는 속담이 많아요 58

신나는 여름 방학이에요 60

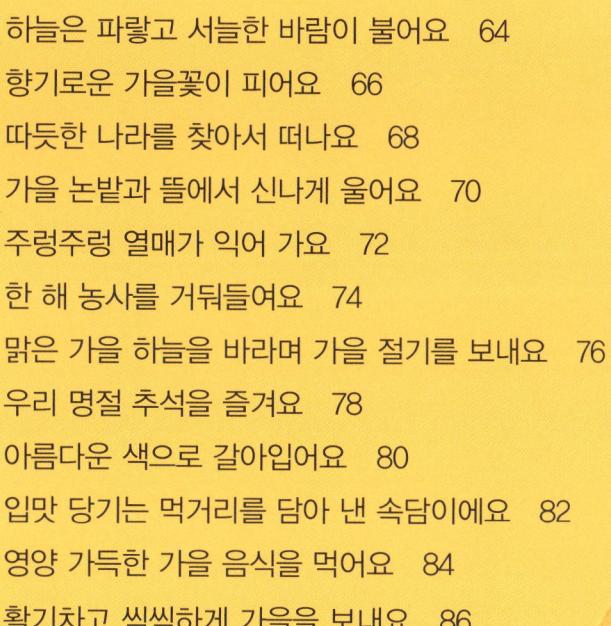

가을

하늘은 파랗고 서늘한 바람이 불어요 64
향기로운 가을꽃이 피어요 66
따듯한 나라를 찾아서 떠나요 68
가을 논밭과 뜰에서 신나게 울어요 70
주렁주렁 열매가 익어 가요 72
한 해 농사를 거둬들여요 74
맑은 가을 하늘을 바라며 가을 절기를 보내요 76
우리 명절 추석을 즐겨요 78
아름다운 색으로 갈아입어요 80
입맛 당기는 먹거리를 담아 낸 속담이에요 82
영양 가득한 가을 음식을 먹어요 84
활기차고 씩씩하게 가을을 보내요 86

다양한 가을 축제를 즐겨요 88

겨울

눈이 내리고 얼음이 얼어요 92
낮의 길이가 짧아져요 94
추운 겨울을 함께 이겨 내요 96
새해를 맞이하는 설날과 대보름이에요 98
추워도 아름답게 피어요 100
추운 겨울을 우리나라에서 지내요 102
겨울 속담 속에 추운 계절이 담겨 있어요 104
따듯하게 겨울을 보내요 106
겨울눈으로 겨울을 이겨 내요 108
땅을 쉬게 해요 110
겨울에는 따듯한 음식을 먹어요 112

즐거운 겨울 방학이에요 114

봄은 3월부터 5월까지를 말해요. 봄이 되면 얼었던 땅을 뚫고 파릇파릇 새싹이 올라와요. 차갑게 느껴지던 바람에서 따스한 기운도 느껴져요. 겨우내 쌓여 있던 눈과 얼음이 녹고 시냇물이 흘러요. 겨울잠을 자던 동물들도 기지개를 켜고 앙상한 나뭇가지에는 새순이 돋아요. 들과 산에는 예쁜 꽃들이 하나둘 피어나요. 한 해 농사를 준비하는 농부들의 손길도 바빠지고 우리들은 바깥 활동도 많이 하지요.

봄이 왔다는 소식을 전해요

나비가 훨훨 날고, 벌이 붕붕 날아다녀요. 꽃을 찾아 날아다니기 시작한
나비나 벌을 보고 우리는 봄이 왔음을 느껴요. 나비나 벌과 같은 곤충들은
어른벌레나 번데기로 겨울을 보내다가 따듯한 봄이 되면 산과 들 그리고 꽃을 찾아
신나게 날아다니지요. 또 봄이 되면 우리나라를 찾는 새들도 있어요.
제비, 큰유리새 등은 따스한 봄이 되면 먹이를 찾아 우리나라로 날아와요.

호랑나비
따뜻한 날씨가 한 달 이상
이어지면 나비는 겨울잠에서
깨어나 꿀을 찾아다녀요. 크고
화려한 날개를 가진 호랑나비는
오랫동안 날아다닐 수 있어요.

어리호박벌
나무 틈이나 썩은 나무에서 겨울을
지낸 어리호박벌은 봄이 되면 붕붕
소리를 내며 꽃을 찾아다녀요.
호박벌이지만 호박꽃만 좋아하는
것은 아니에요.

무당벌레
양지 바른 곳에서 수천 마리가 모여
겨울잠을 자던 무당벌레는 봄이 되면
짝짓기를 해요. 무당벌레는
진딧물을 찾아 높은 쪽으로
올라가는 버릇이 있어요.

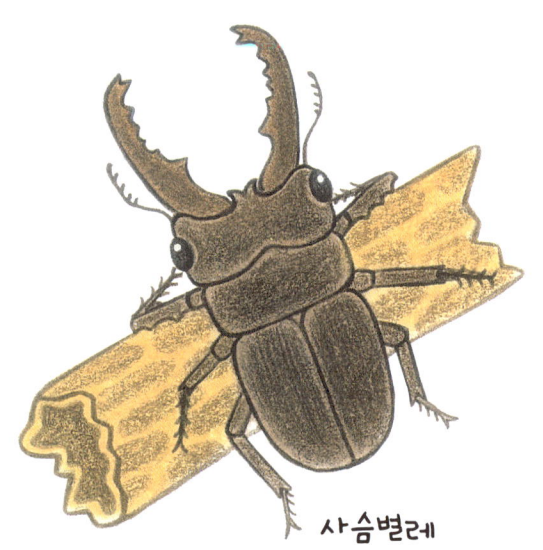

사슴벌레
우리나라에서 가장 쉽게 볼 수 있는 곤충
가운데 하나예요. 5월쯤 겨울잠에서
깨 활동을 해요. 집게 같은 턱이 있어
'집게벌레'라고도 불러요.

봄이 와~!

밀잠자리
4월 중순이 되면 볼 수 있는 밀잠자리는 암컷은 누런빛이고 수컷은 검은빛이 짙어요. 암컷이 알을 낳을 때 수컷이 주위에서 보호를 해 주어요.

곰개미
마른 풀밭이나 공터 등에서 흔히 볼 수 있는 곰개미는 땅속에서 겨울을 보내다가 봄이 되면 바깥 활동을 해요. 여왕개미를 중심으로 천여 마리의 일개미가 함께 생활해요.

호리꽃등에
몸이 호리호리한 호리꽃등에는 꽃등에 중에서 가장 쉽게 볼 수 있어요. 호리꽃등에는 4월쯤 나타나서 꽃에서 꿀을 빨아 먹기도 하고 진딧물도 잡아먹어요.

큰유리새
봄이 되면 서해를 건너 우리나라로 오는 큰유리새는 유리새 중 몸집이 가장 커요. 한번 자리를 잡으면 잘 움직이지 않아 눈에 잘 띄지 않아요.

두견이
5월쯤 동남아시아에서 날아오는 두견이는 직접 둥지를 만들지 않고 다른 새의 둥지에 알을 낳아 키워요. 두견이의 다른 이름은 접동새예요.

제비
따듯한 나라에서 지내다 봄이 되면 우리나라로 와요. 제비가 집에 들어와 둥지를 만들면 좋은 일이 생긴다고 믿었어요. 흥부에게 박씨를 물어다 준 새도 제비예요.

기지개를 켜고 겨울잠에서 깨어나요

폴짝폴짝 뛰어올라 개굴개굴 하고 울어요. 겨울잠을 자던 개구리가 봄이 되었다고 목청껏 노래를 불러요. 개구리는 추운 겨울을 잠을 자며 보냈어요. 겨울에는 먹이를 구하는 것도 쉽지 않고 또 먹이를 구하는 데 힘을 많이 써야 하기 때문에 개구리처럼 겨울잠을 자는 동물들이 있어요. 곰, 개구리, 뱀 등이 겨울잠을 자요. 하지만 봄이 되면 겨울잠을 자던 동물들도 기지개를 켜며 겨울잠에서 깨어나요.

개굴개굴!

개구리
개구리는 얼었던 땅이 녹으면 피부로 바깥 온도를 느껴 겨울잠에서 깨어나 바깥으로 나와요. 가끔 날씨가 추워지면 다시 땅속으로 들어가기도 해요.

반달가슴곰
반달가슴곰은 몸속에 저장해 둔 지방을 쓰면서 바위굴이나 나무 구멍 같은 곳에서 겨울잠을 자요. 겨울잠을 자는 동안 새끼를 낳기도 해요.

뱀
뱀은 주위 환경에 영향을 많이 받기 때문에 주변 온도가 내려가면 활동을 할 수 없어서 동굴 속으로 들어가 겨울잠을 자요. 온도가 올라가면 잠에서 깨어나요.

비단거북
비단거북은 강이나 호수의 진흙 속에 몸을 밀어 넣고 겨울잠을 자요. 잠을 자는 동안에는 엉덩이로 숨을 쉬어요.

다람쥐
땅속에서 겨울잠을 자는 다람쥐는 잠깐 따뜻해지면 잠에서 깨어 먹이를 먹고 또 자기도 해요. 봄이 되면 짝짓기를 하고 새끼를 낳아요.

너구리
11월부터 겨울잠을 자는 너구리는 3월 초에 잠에서 깨어나 짝짓기를 해요. 무엇이든 잘 먹는 너구리는 먹기도 많이 먹어요.

박쥐
박쥐는 동굴의 천장에 매달려 날개로 온몸을 감싸고 겨울잠을 자요. 봄이 되어 겨울잠에서 깬 박쥐는 해 질 무렵에 활동을 시작해 새벽에 집으로 돌아와요.

겨울잠쥐
쥐와 비슷하게 생겼고 꼬리에는 긴 털이 나 있어요. 나무 위 보금자리에서 몸을 웅크리고 겨울잠을 자요. 봄이 되어 겨울잠에서 깨면 소리를 내며 짝을 찾아다녀요.

고슴도치
온몸에 돋아나 있는 고슴도치의 가시는 적을 공격하거나 자신의 몸을 보호할 때 써요. 주로 밤에 돌아다니는 고슴도치는 나무뿌리나 바위틈에서 겨울잠을 자요.

오소리
오소리는 깊게 겨울잠을 자지 않기 때문에 때때로 잠에서 깨 먹이를 먹기도 해요. 냄새를 잘 맡는 오소리는 환한 낮보다는 어두울 때 더 많이 움직여요.

봄나물로 봄의 기운을 맛보아요

누가 씨를 뿌린 것도 아닌데 봄이 되었다고 산과 들에 갖가지 풀들이 모습을 드러내요. 이 풀들은 춥고 긴 겨울 동안 땅속에 숨어 있다가 봄이 되면 하나둘 새싹을 키우고 햇빛과 봄비를 맞으며 쑥쑥 자라요. 봄의 싱싱한 기운이 들어 있는 이런 풀들 가운데 우리가 먹을 수 있는 것들이 있어요. 산에서 나는 것은 산나물, 들에서 나는 것은 들나물이라고 해요. 상큼하고 쌉싸름한 맛이 나는 봄나물들은 영양도 만점이에요.

냉이
봄이 왔음을 제일 먼저 알려 주는 나물이에요. 겨울 땅속의 추위를 이겨 낸 뿌리에는 많은 영양이 달겨 있어서 냉이를 '봄에 나는 인삼'이라고 불러요.

달래
산과 들에 나는 마늘이라고 불리는 달래는 톡 쏘는 매운맛이 있어요. 산과 들에서 자연적으로 잘 자라요. 새콤하게 무치거나 된장찌개에 넣어 먹으면 맛있어요.

쑥
단군신화에도 나오는 쑥은 어디서나 흔하게 볼 수 있어요. 몸에 좋은 영양소를 많이 갖고 있어서 약재로도 사용되어요. 향이 아주 좋아요.

씀바귀
쓴맛이 나는 씀바귀는 이른 봄 논과 밭 주위에서 잘 자라요. 쓴맛이 강해서 데쳐서 물에 오래 담가 두었다 먹어야 해요.

취
가장 흔한 나물 중의 하나인 취는 봄이 제철이에요. 향이 뛰어나고 다양한 영양소가 들어 있어요. 나물비빔밥에는 빠지지 않아요.

고사리
우리나라에서 오랫동안 산나물로 해 먹었어요. 봄에 새로 나온 어린잎을 삶아서 나물로 만들어 먹어요. 너무 춥거나 더운 곳만 아니면 전 세계 어디서든 볼 수 있어요.

미나리
향긋하고 아삭한 미나리는 봄에 제일 맛이 좋아요. 몸에 쌓인 나쁜 것들을 바깥으로 내보내는 효과가 있어요.

산마늘
서늘하고 높은 곳에서 자라는 산마늘은 마늘 맛과 향이 나요. 꽃이 피기 전에 수확을 해서 장아찌 등으로 만들어 먹어요.

고들빼기
돌 틈이나 척박한 땅 등 아무 데서나 잘 자라는 고들빼기는 예전부터 나물로 많이 만들어 먹었어요. 이른 봄에 캐서 뿌리와 잎사귀를 나물로 먹어요.

두릅
봄이 되면 두릅나무에 새순이 돋아요. 향긋하고 연해서 나물로 먹어요. 살짝 데쳐 초고추장에 찍어 먹으면 맛이 좋아요.

시장에서 봄을 만나요!

봄을 건강하게 보내려면 땅의 영양분을 받고 쑥쑥 올라온 봄나물을 먹어요. 시장에 가면 싱싱하고 다양한 종류의 봄나물이 있어요. 독특한 맛과 향이 있는 봄나물을 만나러 시장에 가 보아요.

머위 이른 봄 어린잎으로 쌈을 싸 먹거나 나물로 먹어요.

방풍나물 약재로도 쓰여요. 향이 좋아 장아찌로 만들어 먹어도 좋아요.

세발나물 갯벌에서 주로 자라요. 오독오독 씹히는 맛이 있어요.

유채나물 유채꽃이 피기 전에 어린잎과 줄기를 나물로 해서 먹어요.

비름나물 비름의 연한 잎이나 줄기를 나물로 만들어 먹거나 된장국에 넣어 먹어요.

질경이 질기게 잘 자란다고 해서 이름도 질경이에요. 연한 잎은 나물로 먹어요.

돌나물 입맛을 돌게 한다고 해서 돈나물, 돗나물이라고도 해요.

봄이 되면 나무에서 꽃이 피고 새순이 돋아요

추운 겨울이 가고 따스한 봄바람이 불기 시작하면 겨우내 잠들어 있던 앙상한 나뭇가지에 삐죽삐죽 새순이 돋으면서 나무들의 한 해 살이가 시작돼요. 새순이 돋은 나무들은 점점 잎이 자라고 머지않아 온 산이 연둣빛 새 잎으로 물들어요. 어떤 나무들은 잎이 나기도 전에 먼저 꽃망울을 활짝 터트리기도 해요.

매화나무
맑고 깨끗한 향기를 가진 매화는 이른 봄 잎눈이 피기 전에 꽃이 피고 꽃이 지고 난 뒤 둥근 열매가 맺혀요. 열매인 매실은 건강식품으로 먹어요.

생강나무
잎과 가지에서 생강 냄새가 나는 생강나무는 봄 산에서 가장 먼저 꽃이 피어요. 노란 꽃이 핀 후 한 달쯤 뒤에 잎이 나오고 새순은 부드러운 털로 덮여 있어요.

산수유나무
이른 봄에 꽃이 잎보다 먼저 피어 봄을 알려 주는 산수유나무는 생강나무처럼 노란 꽃이 피어요. 산수유 열매는 가을에 수확해서 약재로 써요.

갯버들
개울가 근처에서 잘 자라요. 회색 솜털 같은 겨울눈을 달고 있어서 버들강아지라고도 불러요. 5월이 되면 솜털에 쌓인 씨앗이 바람을 타고 날아가요.

목련나무
나뭇가지에 잎보다 먼저 둥근 꽃봉오리가 달리고 며칠 뒤에 크고 아름다운 목련꽃이 활짝 피어요. 잎은 꽃이 질 때쯤 나와요. 백목련도 있고 자주색이 나는 자목련도 있어요.

찔레나무
전국의 산과 들에서 흔히 볼 수 있는 찔레나무의 꽃은 여러 개의 송이가 한데 모여 피고 향기가 좋아요. 봄에 돋는 어린 찔레순은 옛날에는 좋은 간식거리였어요.

두릅나무
줄기가 온통 가시로 덮여 있는 두릅나무는 다른 나무들보다 일찍 싹이 나와요. 특히 봄에 돋는 새순은 데쳐서 나물로 먹어요.

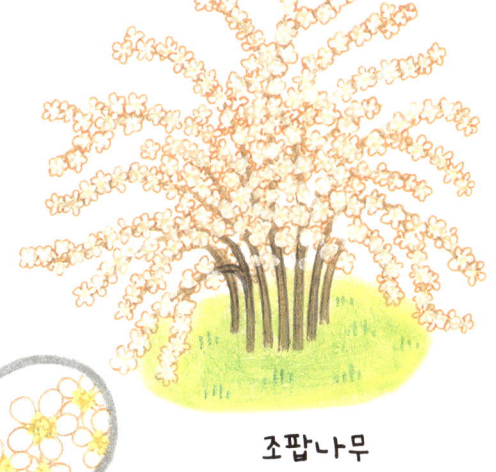

조팝나무
잎보다 먼저 하얀색의 꽃이 피어요. 꽃이 조밥을 튀긴 것 같다고 해서 조팝나무라는 이름이 붙었어요. 조팝나무에서 꽃이 피면 농부들은 농사일을 시작했어요.

계수나무
해가 드는 곳에 모여 자라며 잘 크는 나무 중의 하나예요. 잎이 나기 전에 붉은 빛을 띤 작은 꽃이 피는데 향기가 좋아요.

라일락
봄이 되면 꽃봉오리와 어린 새순이 함께 나와요. 라일락이라는 이름은 유럽에서 들어왔을 때 붙여진 이름이고 우리나라에서 자라는 수수꽃다리와 비슷해요.

나무의 사계절_봄

왕벚나무의 봄
왕벚나무의 고향은 우리나라 제주도예요. 봄이 되면 흰색 또는 분홍색의 꽃이 잎보다 먼저 아름답게 피어요. 봄에는 바람에 흩날리는 벚꽃 눈을 만날 수 있어요.

소나무의 봄
우리나라 어디서든 잘 자라는 소나무는 바늘 모양의 잎이 사철 내내 푸르러요. 5월이 되면 암꽃과 수꽃이 한 가지에서 피는데, 이때 수꽃에서 노란 꽃가루가 바람에 날려요. 이 꽃가루를 송홧가루라고 불러요.

한 해의 농사를 시작해요

봄이 되면 유독 바빠지는 사람들이 있어요. 한 해 농사를 시작해야 하는 농부들이에요. 농부들 덕분에 우리는 밥을 먹을 수 있고, 다양한 농작물을 먹을 수 있어요. 한 해 농사는 입춘 절기에 시작해요. 이때부터 농기구 정비, 볍씨 고르기, 거름 주기, 논갈이 등 수많은 농사일이 하나씩 시작돼요. 또 이때에는 논농사뿐만 아니라 밭농사도 함께 할 수 있기 때문에 농부들의 손길은 더욱 바빠져요.

농기구 정비
농사를 짓는 데 사용하는 농기구 중에는 호미, 낫, 갈퀴 등이 있어요. 농사를 시작하기 전에 잘 쓸 수 있는지 수리해 놓아야 해요.

논갈이
쟁기를 이용해 일정한 깊이로 땅을 파서 아래 흙과 위의 흙을 뒤짚어 엎는 것을 논갈이라고 해요. 요새는 쟁기보다는 트랙터를 많이 사용해요.

논둑 다지기
논 가장자리에 높고 길게 쌓아 올린 논둑은 겨우내 허물어지거나 무너져 내리기 때문에 다시 다져 놓아야 해요. 그래야 논에 물을 대었을 때 물이 새 나가지 않아요.

볍씨 고르기
볍씨는 벼의 씨를 말해요. 좋은 볍씨를 심어야 수확도 좋아요. 좋은 볍씨는 일일이 손으로 고르거나 소금물에 볍씨를 담가 보는 방법을 이용해요. 요즘에는 선별기라는 기계를 이용해요.

고추장 담그기
찹쌀, 밀가루, 보리 등을 묽게 쑤어 메줏가루, 고춧가루, 소금을 섞어 발효시키면 고추장이 돼요. 주로 봄에 만들어요.

모판 준비
모판은 볍씨를 키우기 위해 만든 네모난 플라스틱 상자예요. 거름과 흙을 두툼하게 깔아 만든 모판은 못자리와 비슷한 역할을 해요.

볍씨 싹트기
볍씨에서 싹이 나오려면 적당한 수분과 온도가 필요해요. 그래서 모판에 볍씨를 치기 전에 볍씨를 물에 담가 싹을 틔워요.

볍씨 치기
미리 준비해 둔 모판에 싹을 틔운 볍씨를 흩뿌린다고 해서 '볍씨를 친다.'라고 해요. 땅에 처음으로 씨앗이 내려앉는 일로 아주 중요한 농사일 중의 하나예요.

못자리
넓은 논에 직접 씨를 뿌리면 싹을 틔우기가 어려워요. 그래서 좁은 땅에 씨를 뿌려 모를 기른 후에 넓은 논에 옮겨 심지요. 이때 모를 기르는 좁은 면적의 땅을 못자리라고 해요.

보막이
냇물에 둑을 쌓아 물을 가둬 놓은 것을 보라고 해요. 농사 시작 전에 보에서 논까지 이어지는 길을 잘 정비하고 청소해 물이 잘 흐르도록 하는 것을 보막이라고 해요.

거름 주기
거름은 짚, 똥, 쌀겨 등을 썩혀서 만든 '땅 영양제' 같은 것이에요. 씨를 뿌리기 전이나 모를 내기 전에 거름을 뿌려 주어 농사가 잘 되도록 해요. 이것을 두엄이라고도 해요.

따듯했다가 추웠다가 변덕이 심해요

봄에는 날씨가 오락가락해요. 따듯하다가 다시 추워지기도 하고 먼지바람이 불거나 비가 내리기도 해요. 이렇게 봄 날씨가 변덕이 심한 것은 작은 크기의 이동성 고기압과 저기압이 봄이 되면 우리나라를 지나기 때문이에요. 이동성 고기압과 저기압이 빨리 움직일수록 날씨도 더 변덕스러워져요.

꽃샘추위
꽃샘추위는 봄을 시샘하듯 따듯해지던 봄 날씨가 며칠 동안 추워지는 현상을 말해요. 우리나라를 춥게 만들었던 시베리아 기단이 물러났다가 다시 힘을 발휘하면서 꽃샘추위가 나타나요.

일교차
하루 중에서 가장 높은 기온과 가장 낮은 기온의 차이를 일교차라고 해요. 봄이 되면 낮에는 따듯하지만 밤에는 기온이 낮아져서 일교차가 커져요.

황사
중국이나 몽골 등이 여러 이유 때문에 사막화가 되고 있는데, 이곳에 있던 아주 작은 모래 먼지들이 바람을 타고 멀리까지 날아오는 것이 황사예요. 주로 봄철에 많이 날아와요.

안개
공기 중의 수증기가 모여 작은 물방울로 떠 있는 안개는 온도 변화가 심한 봄에 잘 생겨요. 특히 강, 호수 등과 같이 수증기를 만들 수 있는 곳에서 잘 생겨요.

아지랑이
아지랑이는 땅 표면에 흡수된 강한 햇빛이 열로 변하면서 가까운 공기를 가열시켜 일어나요. 봄철 맑은 날에 자주 일어나며 마치 흔들리는 연기처럼 보여요.

따듯한 봄바람이 좋아!

봄바람
바람은 기압이 높은 곳에서 낮은 곳으로 향할 때 생겨요. 봄에 강한 바람이 자주 부는 것은 기압 차이가 나는 이동성 고기압과 저기압이 우리나라를 통과하기 때문이에요.

봄비
겨울에는 눈이었던 구름 속의 물방울이 기온이 올라가면서 비로 내려요. 봄에 내리는 비는 조용하고 가늘게 오는 경우가 많아요.

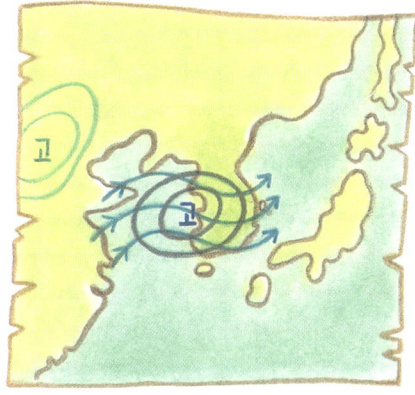

이동성 고기압
중심이 한곳에 머물지 않고 이동하는 고기압이 이동성 고기압이에요. 이동성 고기압은 봄가을에 우리나라를 지나면서 맑은 날씨를 보여요.

높새바람
봄에 시작해 초여름까지 부는 높새바람은 태백산맥을 넘어 북동쪽에서 불어오는 바람이에요. 높새바람이 불면 기온도 올라가고 건조해져요.

봄가뭄
봄 날씨에 영향을 주는 이동성 고기압이 오랫동안 우리나라에 머물면서 맑은 날씨가 계속되어 건조 현상이 일어나요. 특히 봄에는 비가 적게 내려 봄가뭄이 생겨요.

으, 아직도 추위!

시베리아 기단
기단은 비슷한 성질을 가진 커다란 공기 덩어리인데 시베리아 기단은 추운 지방에서 만들어져 춥고 건조한 성질을 가졌어요. 차가운 바람과 매서운 추위를 몰고 와 우리나라 겨울 날씨에 영향을 줘요.

양쯔강 기단
중국 양쯔강 남쪽에 있는 따뜻하고 건조한 대륙성 고기압이에요. 주로 봄과 가을에 우리나라에 영향을 줘 따뜻하고 건조한 날씨가 계속 나타나요.

꽃들의 잔치가 열려요

금방이라도 터질 듯한 꽃봉오리들이 봄비를 맞고 환하게 제 모습을 드러내요. 하얗고 노랗고 분홍빛에 보랏빛까지 다양한 빛깔의 봄꽃들이 들과 산에도 피고 우리가 사는 동네 주변에도 피어요. 화려하고 예쁜 꽃들도 많지만 낮은 풀밭 사이의 양지 바른 곳에서 수줍게 고개를 내밀고 있는 작은 풀꽃들도 봄을 맞아 활짝 폈어요. 봄꽃이 핀 산과 들, 우리가 사는 동네는 여러 물감을 뿌려 놓은 듯 알록달록하지요.

할미꽃

붉은빛을 띤 자주색 꽃이 고개를 숙이고 피어요. 흰 털에 덮인 열매 덩어리가 마치 할머니의 흰 머리카락처럼 보여서 이런 이름이 붙었어요.

은방울꽃

봄이 되면 전국 여러 숲에서 볼 수 있는데 특히 소나무 숲에서 많이 볼 수 있어요. 종 모양의 흰색 꽃이 피어요. 향기가 좋아 향수를 만드는 데 많이 사용해요.

제비꽃

자주색 제비꽃은 들이나 돌담 틈에서도 잘 자라요. 제비처럼 생겨서 혹은 제비가 돌아오는 삼짇날에 꽃이 핀다고 해서 제비꽃이라는 이름이 붙여졌어요.

민들레

민들레는 산과 들, 길가나 공터 등에서 흔하게 볼 수 있으며 어떤 환경에서도 잘 자라요. 꽃송이 가장자리부터 꽃이 피기 시작해요.

꽃마리
4월이면 길가, 잔디가 있는 공원 등에서 흔하게 볼 수 있어요. 꽃대가 돌돌 말려 있다가 풀리면서 가운데는 노랗고, 꽃잎은 연한 하늘색 꽃이 피어요. 어린 순은 나물로도 먹어요.

개나리
우리 주변에서 흔히 볼 수 있는 꽃나무예요. 이른 봄에 잎보다 먼저 노란 꽃이 피어요. 가지를 잘라 심으면 금방 뿌리를 내릴 정도로 잘 자라요.

얼레지
전국 여러 산에서 볼 수 있는 봄 풀꽃이에요. 잎에 보라색 무늬가 있어 얼레지라는 이름이 붙었어요. 햇볕을 받으면 자주색 꽃잎이 벌어지고 해가 지면 잎이 오므라져요.

진달래
진하거나 연한 분홍 꽃이 핀 후에 잎이 나와요. 꽃이 필 때는 산이 온통 붉게 보일 정도예요. 꽃잎으로 음식을 만들어 먹기도 해요.

벚꽃
우리 땅 어디서나 잘 자라는 벚나무는 봄에 잎보다 꽃이 먼저 피어요. 분홍색 또는 흰색으로 활짝 피는 벚꽃은 전국적으로 이름난 곳에서 많이 피어 벚꽃 축제를 열기도 해요.

철쭉
5월에 분홍색 꽃이 피는데 이때 둥그스름한 달걀 모양의 잎도 같이 나와요. 위쪽에 피는 꽃잎에는 붉은 자주색 반점이 있어요.

복을 바라며 봄을 맞아요

우리 민족은 농사를 아주 소중하게 생각했어요. 농사를 잘 지으려면 무엇보다 계절을 잘 알아야 했는데 그래서 만들어진 것이 24절기예요. 절기의 시작은 곧 사계절의 시작이었어요. 첫 절기를 시작하면서 사계절 내내 많은 복을 받도록 마음으로 빌었어요. 또한 봄 절기에는 농사에 영향을 많이 주는 봄날씨 이야기들이 많이 담겨 있어요.

입춘
24절기 중 첫 번째 절기이면서 봄의 시작을 알리는 절기예요. 입춘이 되면 대문이나 기둥 등에 복을 바라는 좋은 글귀를 써서 붙여 놓았는데, 이것을 '입춘방'이라고 해요.

우수
우수는 겨우내 내렸던 눈이 녹아서 비가 되는 절기예요. 이때는 추운 겨울 바람도 따뜻한 봄바람으로 바뀌어요. 논두렁 밭두렁에 불을 놓아 나쁜 해충을 잡는 일로 농사일을 시작해요.

경칩
경칩은 3월 5일쯤이에요. 추위로 움츠려 지내던 겨울이 끝나고 새로운 생명력이 왕성해지는 절기예요. 겨울잠을 자던 동물들이 하나둘 깨어나요.

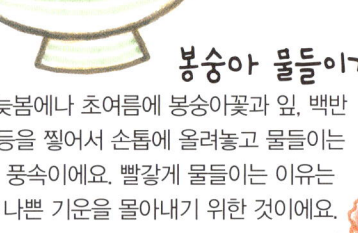

봉숭아 물들이기
늦봄이나 초여름에 봉숭아꽃과 잎, 백반 등을 찧어서 손톱에 올려놓고 물들이는 풍속이에요. 빨갛게 물들이는 이유는 나쁜 기운을 몰아내기 위한 것이에요.

춘분
겨울에는 낮의 길이가 짧았는데 춘분이 되면 낮이 점점 길어져서 낮과 밤의 길이가 같아져요. 이때에는 춥지도 덥지도 않아서 농부들이 일하기 가장 좋아요.

곡우
곡우에는 봄비가 내려 여러 곡식을 기름지게 한다는 뜻이 있어요. 이때 내리는 비는 농사에 아주 중요한 역할을 했어요. 이때에는 못자리도 마련하고 볍씨도 담궈요.

한식
불을 피우지 않고 찬 음식을 먹는다는 풍습에서 시작된 한식은 4대 명절 중의 하나예요. 4월 5일 무렵인 한식에는 조상의 산소를 돌보아요.

청명
청명은 하늘이 점점 맑아진다는 뜻을 가지고 있어요. 청명 즈음에는 봄이 오기를 기다리면서 겨우내 미뤄 두었던 집수리나 산소 돌보기 등을 했어요.

영등제
바람과 비를 일으키는 영등신에게 음력 2월 1일에 올리는 제사예요. 바다에서는 바람이 잔잔해져 고기를 많이 잡고 비도 잘 내려 농사에 도움이 되게 해 달라고 빌어요.

삼짇날
강남 갔던 제비가 돌아온다는 삼짇날은 음력 3월 3일이에요. 이날 호랑나비를 보면 그 해 운수가 좋다고 해요. 활쏘기, 꽃놀이 등 다양한 활동도 하고 화전이나 쑥떡도 먹어요.

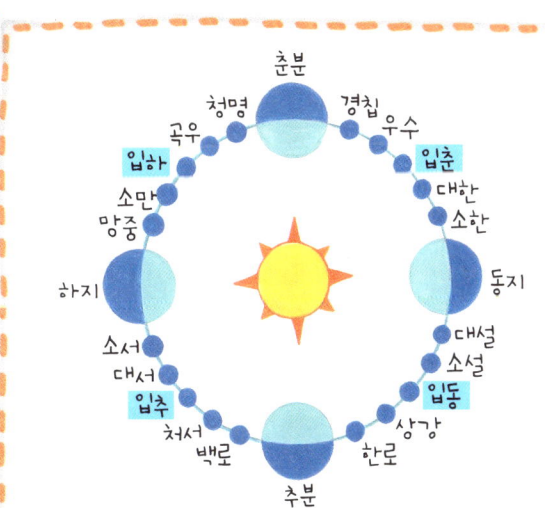

절기와 세시 풍속은 무엇인가요?
절기는 태양의 움직임을 보고 한 해를 24개로 나눈 것이에요. 옛날에는 이 절기를 보고 계절의 변화를 알 수 있었으며 절기에 맞춰 농사일도 했어요. 세시 풍속은 오래전부터 계절에 맞추어 되풀이해 온 생활 관습을 말해요.

새 생명의 시작을 담고 있는 봄 속담이에요

조상들은 생활하면서 얻은 여러 지식과 지혜를 하나의 문장으로 만들어 우리에게 전해 주었어요. 그것을 속담이라고 하지요. 입에서 입으로 전해지면서 아주 오랫동안 만들어진 거예요. 새싹과 봄나물이 돋아나는 봄에는 새 생명의 탄생, 농사일의 시작 등이 속담에 담겨 있어요.

사월 달 부지깽이는 땅에 꽂아도 순 난다
부지깽이는 죽은 나무를 말해요. 봄에는 모든 생명이 되살아나기 때문에 심지어 죽은 나무인 부지깽이에서도 순이 날 수 있다는 것을 비유적으로 하는 말이에요. 이 속담은 생명력 강한 봄을 말할 때 사용할 수 있어요.

봄에는 굼벵이도 석 자씩 뛴다
굼벵이는 곤충의 애벌레지만 게으르고 느린 사람을 빗대어 말하기도 해요. '봄에는 굼벵이도 석 자씩 뛴다.'는 속담에는 워낙 할 일이 많은 봄이기 때문에 굼벵이 같은 사람도 부지런해져야 한다는 뜻을 담고 있어요.

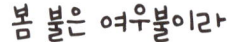

봄 불은 여우불이라
옛날부터 여우는 영악하고 변신을 잘하는 동물이라고 생각했어요. 봄이 되어 날씨가 건조해서 불이 나기 쉬운 것을 여우에 빗대어 표현한 속담이에요. 불조심을 강조할 때 사용할 수 있어요.

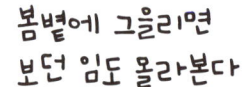

봄볕에 그을리면 보던 임도 몰라본다
봄이 되면 야외 활동을 많이 하게 되는데 겨우내 자외선에 노출되지 않았던 피부에는 아주 안 좋아요. 그래서 봄볕에 피부가 많이 상해 사랑하는 사람도 얼굴을 몰라볼 정도가 된다는 뜻을 담고 있어요.

입춘 추위는 꾸어다 해도 한다

입춘이면 봄이 오는 절기이지만 그 무렵에 봄이 오는 것을 시샘하는 추위가 빠짐없이 꼭 오기도 해요. 이 속담은 꽃샘추위가 왔을 때 사용할 수 있어요.

봄떡은 꿈에만 봐도 살찐다

옛날에는 봄이 되면 저장해 두었던 쌀이 다 떨어지곤 했어요. 게다가 대신할 식량인 보리도 아직 수확을 안 했기 때문에 먹을 것이 귀했지요. 이 시기를 보릿고개라고 했어요. 그래서 꿈에서라도 떡을 보면 살이 찔 것 같다는 속담이 나온 거에요.

봄에 하루 놀면 겨울에 열흘 굶는다

봄에는 농사를 시작해야 하는데 만약 그때 제대로 일을 하지 않으면 나중에 거둬들일 것이 없어요. 봄 농사가 아주 중요하다는 이야기를 할 때 쓸 수 있어요.

우수 경칩에 대동강 물이 풀린다

우수는 얼음이 슬슬 녹아 없어진다는 절기이며 경칩은 겨울잠을 자던 동물들이 잠에서 깬다는 절기예요. 북쪽 지방에 있는 대동강도 우수와 경칩 절기가 되면 얼음이 녹을 만큼 추위가 풀려 간다는 의미를 갖고 있어요.

삼사월에 난 아기 저녁에 인사한다

겨울은 낮이 짧지만 봄이 되면 낮이 점점 길어져요. 갓 태어난 아기가 낮 동안에 자라서 저녁이년 인사를 할 수 있을 성노가 된다는 뜻이지요. 삼사월은 하루 해가 점점 길어진다는 뜻을 담고 있어요.

곡우에 비가 오면 풍년 든다

못자리에 볍씨를 담그는 곡우 즈음에는 비가 아주 중요해요. 이때 비가 안 오면 볍씨가 제대로 자라지 않아요. 그래서 곡우에 봄비가 내리면 농사에 큰 도움이 되기 때문에 풍년이 될 것이라고 생각했어요.

입맛 살리는 봄 음식을 먹어요

제 계절에 얻을 수 있는 채소, 과일, 해산물 등으로 만든 음식은 그 어느 때보다 맛이 좋아요. 그런 음식들을 보통 제철 음식이라고 하지요. 새싹이 파릇파릇 돋기 시작하는 봄이 되면 새로운 음식들이 우리 식탁을 찾아와요. 봄에 먹을 수 있는 제철 음식들로는 새순이 나는 나물, 알을 낳을 시기가 되어 살이 통통 오른 생선 등이 있어요. 제철 음식을 통해 겨우내 잃어버린 입맛도 다시 찾고 싱싱한 봄의 기운도 느낄 수 있어요.

딸기
새콤하고 달콤한 과즙이 입안을 가득 채우는 딸기는 봄이 제철이에요. 딸기는 빨갛고 선명한 것이 좋아요. 비타민 C가 많아 감기 예방에 좋아요.

진달래 화전
찹쌀가루 반죽을 동글납작하게 빚어 그 위에 진달래 꽃잎 한 장을 얹고 지지면 진달래 화전이 돼요. 맛도 좋지만 진달래 꽃잎에서 봄을 느낄 수 있어요.

죽순
대나무의 땅속줄기 마디마다 싹이 돋으면서 땅을 뚫고 올라오는데, 그게 죽순이에요. 영양분도 많고 씹는 맛이 좋아 여러 요리에 많이 넣어 먹어요.

더덕
산에서 나는 고기라고 불리는 더덕은 식이 섬유소와 무기질이 풍부한 건강한 음식이에요. 맛과 향, 씹는 맛이 좋은 더덕은 구이를 해 먹어도 맛있어요.

멍게
멍게의 옛 이름은 우렁쉥이예요. 쌉쌀하고 달콤하고 시원한 맛이 나요. 딱딱한 껍질을 벗겨 내고 초고추장에 찍어 먹으면 맛있어요.

주꾸미
알이 차는 봄이 제철이에요. 낙지와 비슷하지만 낙지보다 작아요. 양념해서 구워 먹기도 하고 끓는 물에 데쳐 먹으면 맛있어요.

도미
특히 봄철에 더 맛있는 도미는 맛이 담백하고 기름기가 적어 소화가 잘돼요. 구워 먹거나 맑은 국물로 끓여서 요리를 해 먹어요.

봄동
잎이 땅바닥에 붙어 자라는 봄동은 봄에 수확하는 배추예요. 옆으로 퍼진 잎은 연하고 달달한 맛이 나요. 겉절이나 쌈으로 많이 먹어요.

소라
소라는 제주도와 남해안에서 많이 나요. 살짝 찌면 껍데기에서 속살을 빼기 쉬워요. 데치거나 양념에 무쳐 먹으면 씹는 맛이 좋아요.

도다리
도다리는 봄이면 살이 올라 영양가가 많아요. 쫄깃하고 담백한 맛이 나는 도다리를 제철인 쑥과 함께 끓인 '도다리 쑥국'은 비린 맛도 적고 맛있어요.

활기차게 봄을 보내요

봄은 모든 것이 새롭게 살아나는 계절이에요. 겨우내 움츠러들었던 어깨를 쭉 펴고 봄을 맞아요. 봄에는 겨울과는 다르게 야외 활동도 많이 할 수 있어요. 꽃놀이도 가고 소풍도 가요. 봄을 제대로 느끼고 즐기려면 무엇보다 건강해야 해요. 하지만 봄에는 변덕스러운 날씨 때문에 감기에 걸리기도 쉽고, 황사나 꽃가루와 같이 우리의 건강을 위협하는 것들이 많기 때문에 특히 조심해야 해요.

춘곤증
봄을 맞아 우리 몸이 계절의 변화에 잘 적응하지 못해 생기는 피곤한 증세가 춘곤증이에요. 규칙적으로 생활하고 적당한 운동을 하면 이길 수 있어요.

봄맞이 대청소
겨울에는 추워서 자주 환기를 시킬 수가 없어 집 안에 먼지가 많이 쌓여요. 봄을 맞아 집 안 구석구석 겨울의 묵은 때를 닦고 겨울에 썼던 용품들도 정리해요.

가벼운 옷차림
일교차도 크고 꽃샘추위도 오니까 가벼운 옷을 여러 벌 겹쳐 입거나 조금 두툼한 겉옷을 갖고 다녀요. 또 봄에는 바깥 활동을 많이 하니까 활동하기 편한 옷차림을 해요.

꽃가루 알레르기
꽃가루 때문에 콧물, 재채기 등이 일어날 수 있으니 주의해요. 외출할 때는 마스크를 사용하고 집에 들어오면 옷을 잘 털고 깨끗이 씻어요.

봄 소풍
봄을 직접 보고 느끼기 위해 봄소풍을 가요. 자연 관찰, 단체 활동을 통한 협동심, 규칙 지키기 등 다양한 교육 활동도 함께 해요. 친구들과 신나는 시간도 보내요.

꽃놀이
벚꽃, 매화, 산수유, 진달래 등. 곳곳에서 봄꽃과 관련해서 많은 축제들이 열려요. 꽃놀이는 눈으로 보고 마음으로 즐겨요. 예쁘다고 꽃을 꺾으면 안 돼요.

불조심
건조한 봄에는 작은 불씨도 크게 번지기 때문에 등산을 할 때는 성냥이나 라이터 같은 것은 가져가면 안 돼요. 논두렁 등을 태우거나 야외에서 쓰레기를 태우는 일도 하지 말아요.

텃밭 가꾸기
물과 흙, 커다란 화분으로 작은 텃밭을 만들어 상추, 고추, 방울토마토 등을 심어 직접 재배하고 수확해 볼 수 있어요. 식목일에는 가족과 함께 나무를 심어 가꾸어 보아요

환절기 건강 관리
계절이 바뀌는 환절기를 건강하게 보내기 위해서는 잘 자고, 잘 먹고 적당히 운동하고, 깨끗하게 지내야 해요. 즐거운 마음으로 생활하는 것도 중요해요.

먼지바람 예방법
먼지바람이 심할 때는 되도록 바깥에 나가지 않도록 하고 바깥에 나갈 때는 마스크를 써요. 집으로 돌아오면 깨끗이 씻고요.

우리나라에서도 열대 과일을 심고 가꾸어요

사과, 배, 감, 복숭아 등은 오래전부터 먹어 온 과일이에요. 주변에서 쉽게 구할 수 있으며 이 과일들을 재배하는 농가들도 많아요. 하지만 지구 기후가 차츰 변화하면서 우리나라에서 재배되는 과일들의 종류가 더 다양해졌어요. 주로 열대 지방에서 재배되던 망고, 파인애플, 바나나와 같은 열대 과일이 우리나라에서도 재배되고 있어요.

바나나
부드럽고 달달한 맛이 좋아요. 노랗게 익은 것이나 더 익어 갈색 점들이 하나둘 나타났을 때가 가장 달아요.

망고
세계에서 제일 많이 재배되는 열대 과일이 망고예요. 독특한 향이 나는 망고는 과즙도 많고 단맛도 있어요. 잘 익으면 노란색을 띠어요.

구아바
잘 익은 구아바는 노란색이 나며 특유의 향과 달콤한 맛이 있어요. 껍질째 먹거나 갈아서 주스를 만들어 먹기도 해요.

용과
제주도 온실에서 재배되는 선인장의 열매예요. 용이 여의주를 물고 있는 것과 비슷하다고 해서 용과라는 이름이 붙었어요.

아~, 달다!

파파야
달콤한 과즙이 많으며 독특한 향이 나는 열대 과일이에요. 생으로도 먹고 샐러드나 주스를 만들어 먹어요.

멜론
여러 종류의 멜론이 있는데 보통 둥글게 생겼어요. 안에 있는 속살은 노란색이나 녹색을 띠며 부드럽고 달달한 맛과 독특한 향이 있어요.

아보카도
원래 고향이 멕시코인 아보카도는 제주도 등에서도 재배되고 있어요. 고소하고 부드러운 맛이 있으며 그냥도 먹지만 다양한 요리에 넣어서 먹어요.

패션프루트
레몬보다 작고 동그란 모양의 열대 과일로 브라질이 원산지예요. 껍질을 벗겨내면 향긋한 살이 드러나는데 마치 젤리 같아요. 그냥 먹기도 하고 화채 등에 넣어 먹어요.

아테모야
제주도에서 재배하고 있는 열대 과일 중 하나인 아테모야는 껍질을 벗기고 먹어요. 속살은 아이스크림처럼 부드럽고 달아요.

파인애플
딱딱하고 두꺼운 껍질을 벗기면 노란색의 달달한 속살이 드러나요. 단맛이 무척 강하며 새콤한 향도 있어요.

쨍쨍 내리쬐는 햇빛, 줄줄 흐르는 땀, 쉬지 않고 돌아가는 선풍기와 에어컨! 여름이면 쉽게 볼 수 있는 풍경이에요. 두 번째 계절인 여름은 덥다는 것이 제일 큰 특징이에요. 이런 더위를 이겨 내기 위해 다양한 활동도 하지요. 푸른 파도가 넘실거리는 바다를 찾거나 짙은 초록의 나무를 보며 더위를 이겨 내요. 또 시원한 과일과 음식으로 더위를 식히고요. 농촌에서는 그 어느 계절보다 바쁜 하루하루를 보내요. 싱그러운 여름은 달력에서 보면 6, 7, 8월에 해당돼요.

비가 많이 내리고 햇살이 뜨거워요

여름은 무척 더워요. 햇볕이 뜨거워서 오래 서 있기도 힘들어요. 그늘을 찾거나 시원한 바람을 맞아야 해요. 이렇게 여름이 더운 것은 태양 때문이에요. 여름이 되면서 태양의 고도가 점점 높아져서 낮이 점점 길어져요. 햇볕도 강해지고 기온도 올라가요. 또 여름에는 습도가 높아서 끈적거려요. 비가 많이 내려 생활하는 데 불편할 때도 있지요. 이 모두가 우리나라 여름에 영향을 주는 북태평양 기단과 오호츠크해 기단 때문이에요.

무더위
여름이 되면 태양이 점점 높이 뜨면서 낮의 길이는 점점 길어져요. 따라서 기온도 계속 올라가 한여름에는 하루 최고 온도가 30도가 넘는 무더위가 찾아와요.

장마
여름에 여러 날 동안 계속 비가 많이 내리는 것을 장마라고 해요. 북태평양 고기압과 오호츠크해 고기압이 충돌하면서 장마 전선이 생겨 우리나라에 장마가 와요.

집중 호우
한 지역에 집중적으로 비가 많이 내리는 것을 집중 호우, 국지성 호우라고 해요. 많은 양의 수증기를 가진 더운 공기 때문에 발생하며 천둥과 번개가 함께 오기도 해요.

강하고 큰 비바람을 몰고 오는 열대 저기압이에요. 태풍은 태평양 남서부에서 발생해요. 태풍의 다른 이름은 허리케인, 사이클론으로 발생한 지역마다 다른 이름으로 불려요.

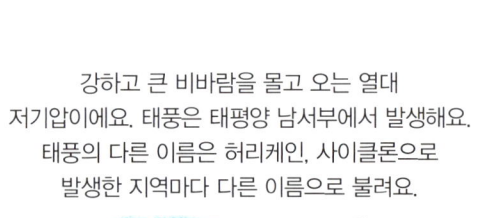

태풍

높은 습도
여름 날씨에 영향을 주는 북태평양 기단과 오호츠크해 기단은 바다에서 만들어져 수증기를 많이 갖고 있어요. 이 기단들의 영향을 받은 우리나라 여름철은 습도가 높아요.

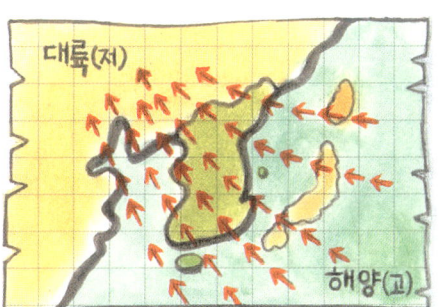

남동 계절풍
우리나라 여름철에 불어오는 계절풍으로 북태평양 고기압의 영향으로 생겨요. 남동 계절풍이 불면 맑은 날씨가 계속되고 심할 경우 가뭄이 되기도 해요.

해무
바다에 끼는 안개인 해무는 주로 4월부터 10월 사이에 많이 발생해요. 온도가 높고 습도가 많은 공기가 찬 바다 위를 지나면서 생겨요.

열대야
하루 중 제일 낮은 기온이 25도 이상인 무더운 밤을 열대야라고 해요. 한여름에는 열대야 때문에 밤에도 잠자기 힘들어요.

뭉게구름
낮은 곳에서 높은 곳으로 뭉게뭉게 솟아오를 듯 수직으로 올라가는 모양을 가졌어요. 우리나라 여름철에 가장 흔한 구름이에요.

소나기
갑자기 내렸다가 갑자기 멎는 비예요. 빗방울이 굵고 천둥과 번개와 같이 와요. 주로 한여름에 자주 내려요.

오호츠크해 기단이란?
늦은 봄 오호츠크해에서 만들어진 공기 덩어리예요. 차갑고 습도가 많기 때문에 시베리아 기단과 만나 장마를 만들기도 해요.

북태평양 기단이란?
북태평양에서 만들어진 공기 덩어리인 북태평양 기단은 온도도 높고 습기도 많이 갖고 있어요. 북태평양 기단 때문에 우리나라의 여름은 후덥지근한 날씨를 보여요.

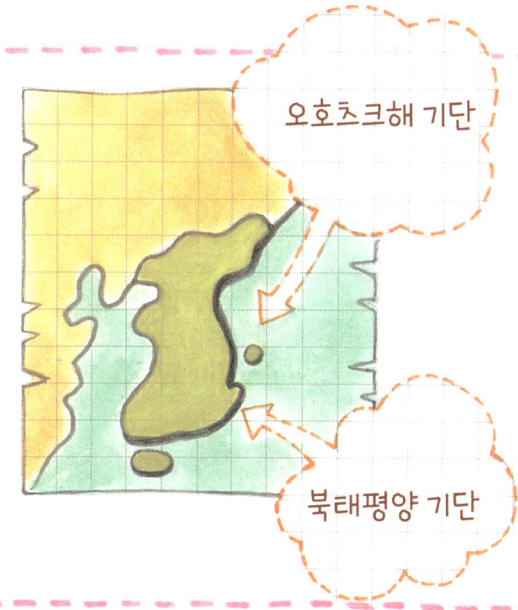

뜨거운 햇빛 아래 활짝 피어올라요

나팔꽃, 해바라기, 맨드라미, 채송화 등 수많은 꽃들이 여름에 활짝 피어요. 일 년 중 여름에 꽃이 가장 많이 피지요. 이렇게 여름에 많은 꽃이 피어나는 것은 초록 잎이 햇볕을 많이 받으면서 광합성 작용이 활발하게 일어나기 때문이에요.

해바라기
해를 따라 돈다고 해서 해바라기예요. 해를 닮은 듯한 노란색 꽃송이가 여름에 활짝 피어요. 특히 해가 잘 드는 곳에서 잘 자라요.

꽃은 참 예뻐!

채송화
주로 화단에 많이 심어 우리 주변에서 쉽게 볼 수 있는 여름 꽃이에요. 맑은 여름날 햇빛을 받아 활짝 피었다가 오후에 시들어요.

나팔꽃
자주색, 붉은색, 흰색 여러 가지 빛깔의 꽃이 피어요. 덩굴성 식물로 나팔꽃 줄기는 다른 식물이나 물체를 왼쪽으로 감아 올라가며 자라요.

접시꽃
아주 오래전부터 우리나라 전국에서 피는 꽃이에요. 꽃의 색깔은 여러 가지이고, 접시 모양처럼 큼직한 꽃이 피어요. 심은 첫 해에는 잎만 피고 이듬해 여름부터 꽃이 피어요.

광합성이란?
식물이 필요한 양분을 만드는 과정이 광합성이에요. 뿌리에서 흡수한 물과 잎에서 받아들인 이산화탄소가 햇빛을 받아 식물에 필요한 양분을 만들지요.

햇빛 · 이산화탄소 · 물

맨드라미
줄기는 곧게 자라고 붉은빛을 띠어요.
줄기 끝에 닭의 볏처럼 생긴 꽃이 피어요.
꽃의 색깔은 품종에 따라 붉은색,
홍색, 황색이에요.

패랭이꽃
옛날에 쓰던 패랭이 모자를 닮아
패랭이꽃이라고 해요. 다섯 장의
붉은 보라색 꽃잎이 피어요.
냇가 모래땅이나 메마른 풀밭 같은
곳에서 잘 자라요.

능소화
여름에 흔하게 볼 수 있는 꽃이에요.
한여름에도 능소화 잎은 연녹색이며,
나팔꽃 모양의 주홍색 꽃은 가지 끝에
주렁주렁 매달려 피어요.

붓꽃
꽃봉오리가 벌어지기 전의
모습이 붓을 닮았어요. 산기슭의
약간 건조한 땅에서 자라요.
자주색 꽃이 피며 안쪽에는 노란색
바탕에 자주색 줄무늬가 있어요.

해당화
바닷가 모래땅에서 흔히 자라요.
줄기와 가지에는 날카로운 가시와
털이 나 있어요. 진한 분홍색의 꽃이
피는데 향기가 강해요.

잘 자라거라!

연꽃
꽃잎은 달걀을 거꾸로 세운 모양이며 연한
홍색이나 흰색의 꽃이 피어요. 주로 연못에서
자라며 밤에도 꽃이 피어 있어요. 연근이라고
부르는 땅속줄기는 요리를 해서 먹어요.

시원하고 달달한 여름 열매를 먹어요

가만히 있어도 땀이 줄줄 흐르는 여름이에요. 이럴 때 제일 먼저 손이 가는 것이 시원한 물이지요. 하지만 물만으로는 여름의 목마름이 해결되지 않아요. 풍부한 과즙이 들어 있는 여름철 열매와 과일로 갈증을 해결하지요. 뜨거운 여름 햇살을 가득 품어 더욱 달콤하고 맛있는 여름 열매로 갈증도 없애고 더위도 이겨 내요.

수박
더운 여름에 수박을 먹으면 갈증을 없앨 수 있어요. 수박에는 시원한 과즙이 많이 들어 있기 때문이에요. 씨 없는 수박, 속이 노란 수박 등 다양한 수박이 있어요.

여름에는 시원한 수박!

포도
동글동글한 포도 알갱이를 입에 넣으면 새콤하고 달콤한 맛을 느낄 수 있어요. 잘 익을수록 단맛은 더 많이 나요. 날로 먹거나 말려서 건포도로도 먹어요.

복숭아
복숭아는 향이 좋은 과일이에요. 흰색의 백도, 노란빛의 황도로 나뉘어요. 살이 연하고 단맛과 신맛이 나며 과즙도 많아요.

참외
아삭아삭하고 과즙도 많아 상큼한 맛이 나요. 독특한 향도 있는 여름 열매인 참외는 시원하게 보관해서 먹으면 더욱 맛있어요.

복분자
야생에서 나는 산딸기로, 잘 익으면 검붉은 색을 띠어요. 단맛도 있고 신맛도 있어요. 설탕을 넣어 즙으로 만들기도 하는데, 복분자는 힘을 북돋워 주는 데 아주 좋아요.

자두
잘 익으면 매끈한 껍질은 노란색이나 붉은색을 띠어요. 속살은 연한 노란색인데, 시큼하고 달콤한 맛이 나요. 날로도 먹고 잼을 만들기도 하고 말려서도 먹어요.

매실
아주 새콤하고 달콤한 맛을 자랑하는 매실은 6월 말에 딴 것이 가장 좋아요. 여름철에 배탈이 나거나 식중독에 걸렸을 때 매실을 먹으면 좋아요.

토마토
토마토는 건강에 좋은 열매예요. 단맛이 많지는 않지만 빨갛게 익혀 먹는 것이 좋아요. 날로도 먹고 익혀도 먹고 케첩이나 주스로 만들어 먹기도 해요.

살구
시고 달콤한 맛이 나는 살구는 7월이 되면 노란빛이나 주황색으로 익어요. 날로 먹기도 하지만 말려 먹거나 잼으로 만들어 먹기도 해요.

무화과
꽃이 피지 않는다고 해서 무화과라고 하지만 열매 속에 꽃이 숨어 있어요. 동그랗거나 원뿔 모양으로 생긴 무화과는 단맛이 무척 좋아요. 날로 먹거나 말려서 먹기도 해요.

더워도 신나게 날아다녀요

맴맴맴, 윙윙, 쐐애애. 여름에는 곤충들이 내는 여러 소리들이 들려요. 그 어느 때보다 날아다니는 곤충들이 많은 때가 여름이니까요. 눈에 잘 안 띄던 수많은 곤충들이 여름에는 제 모습을 갖추고 활발하게 움직여요. 개체 수도 많아지고, 크고 화려한 모습으로 여름을 나지요. 이렇게 여름에 곤충들이 많은 것은 숲도 울창하고 먹이도 풍부하기 때문이에요.

반딧불이
짝을 찾기 위해 밤에 빛을 내며 날아요.
배 밑에 노란 부분이 산소와 만나면서 빛을 내요.
수컷은 2개, 암컷은 1개의 빛이 나요.
'개똥벌레'라고도 해요.

곤충계의 천하장사!
장수풍뎅이!

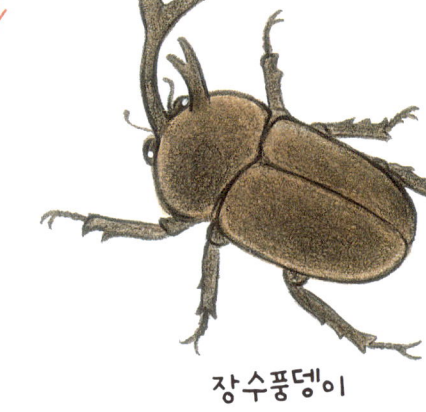

장수풍뎅이
풍뎅이 중 가장 커요. 수컷 대가리에 있는
긴 뿔에는 날카로운 가시가 달려 있어서
적으로부터 공격을 받았을 때 무기로 사용해요.
밤에 불빛을 찾아 활발히 움직여요.

큰녹색부전나비
참나무가 많은 곳에서 쉽게 볼 수 있어요. 암수의
날개색이 서로 달라요. 암컷은 흑갈색, 수컷은
빛나는 녹색 날개를 가지고 있지요.

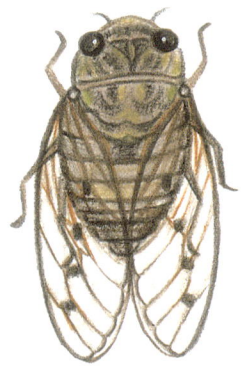

참매미
'맴맴맴' 하고 울기 시작해서 '매애앰' 하고 울음을
그치는 수컷 참매미는 한번 울고 나면 다른
나무로 옮겨 가요. 매미 중에서도 큰 편이며,
배가 넓고 통통해요.

44

이, 파리는 참 귀찮아!

파리
여름에 나타나는 곤충이에요. 다리 끝에 빨판이 있어서 벽이나 천장에도 잘 붙어 있어요. 다리를 비비듯 하는 움직임은 맛을 느끼려는 거예요. 병원균을 잘 옮겨서 사람들이 싫어해요.

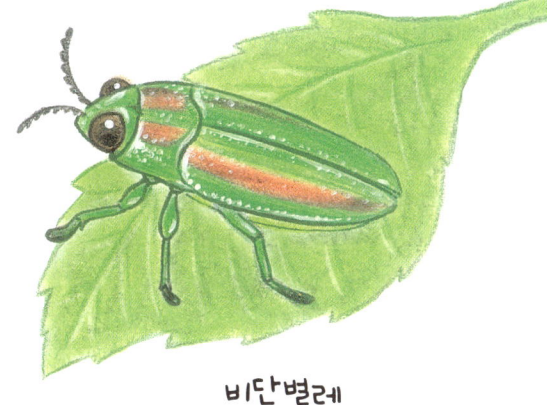

비단벌레
나무들이 많은 숲에서 살아요. 전체적으로 반짝이는 초록빛을 가진 비단벌레는 아름다운 곤충 중의 하나예요. 멸종 위기에 있어서 천연기념물로 보호하고 있어요.

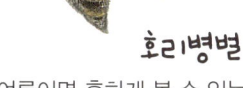

호리병벌
여름이면 흔하게 볼 수 있는 호리병벌은 광택이 나는 갈색빛의 날개를 가졌으며 호리병처럼 생겼어요. 진흙을 빚어 호리병 모양의 집을 만들고 그곳에 알을 낳아요.

모기
모기에 물리면 따끔거리고 가려워요. 모기는 뇌염이나 말라리아 같은 전염병을 옮기기도 해요. 깜깜한 밤에 더듬이로 냄새를 맡고 날아와요.

왕잠자리
큰 잠자리 중 쉽게 만날 수 있는 왕잠자리는 주로 연못 근처에서 살아요. 대가리는 큼지막하게 생겼으며 커다란 눈은 색깔까지 구분할 수 있어요.

장수하늘소
하늘소 중에 제일 커요. 몸에 짧게 노란 털이 나 있어요. 날아다닐 때 날개 부딪치는 소리가 나요. 개체 수가 점점 줄어들어서 멸종 위기에 있으며 천연기념물로 지정해 보호하고 있어요.

녹색이 한껏 진해져요

산과 들에서 자라는 여름 나무를 보면 그 어느 때보다 잎이 무성하고 녹색도 질어요.
햇빛을 많이 받으면 잎에서 활발한 광합성 작용이 일어나면서 엽록소가 늘어나요.
잎에 있는 작은 녹색 세포인 엽록소가 나무의 잎을 녹색으로 보이게 하지요.

아까시나무
나비 모양의 흰 꽃이 피며 향이 무척 강해요. 꽃에서 꿀이 많이 나와서 벌이 많이 모여들어요. 뿌리가 깊고 넓게 내려 잘 자라요.

밤나무
6월 중순쯤 하얀 꽃이 활짝 피어요. 향기도 좋고 꿀도 많아서 벌들이 많이 날아와요. 밤꽃에서 얻는 꿀을 밤꿀이라고 해요. 나무가 단단해 예전에는 기찻길을 만드는 데 많이 사용했어요.

배롱나무
흰색이나 붉은색의 꽃이 100일 이상 피어서 늦가을까지도 꽃을 볼 수 있어요. 나무 껍질을 긁으면 잎이 움직여서 간지름 나무라고도 불러요.

치자나무
여름에 흰색 꽃이 피었다가 가을이 되면서 점차 누런색으로 변해요. 거꾸로 세운 달걀 모양의 열매는 황색으로 음식을 물들일 때 많이 썼어요.

노각나무
꽃잎 가장자리가 고르지 않지만 동백꽃과 모양이 비슷해요. 흰색의 꽃이 한 달 이상 피어요. 우리나라의 노각나무는 세계 으뜸으로 아름다워요.

산돌배
늦은 봄에 흰색 꽃이 피는데 꿀이 많이 들어 있어요. 여름에 작은 배 모양의 열매가 익어요. 먹을 수는 있지만 단맛보다는 떫은 맛이 더 많이 나요.

뽕나무
뽕나무 잎은 누에의 먹이로 사용되어요. 뽕나무 열매는 오디라고 불러요. 오디는 녹색이었다 붉은색 그리고 다시 검붉은 색으로 익어요. 신맛과 단맛이 나요.

산딸기
햇빛이 잘 드는 산과 들에서 잘 자라요. 흰색 꽃이 피며 여름이 한창일 때 열매도 익어요. 뽀족한 타원형의 작은 알갱이가 뭉쳐진 열매는 검붉은 색으로 단맛과 신맛이 나요

무궁화나무
매일 크고 화려한 꽃이 한 송이씩 여름 내내 피어요. 아침에 피고 저녁에는 져요. 끝없이 피는 꽃이란 뜻에서 무궁화라는 이름이 붙었어요. 무궁화는 우리나라를 상징하는 꽃이에요.

장미나무
봄부터 꽃이 피어서 여름에 많이 피어요. 흰색, 노란색, 분홍색 등 다양하고 아름다우며 좋은 향기가 나는 꽃이 피어요. 향수를 만드는 데 장미 꽃잎이 사용돼요.

나무의 사계절_여름

소나무의 여름
초여름에 연두색 새순이 올라와요. 가다란 바늘잎이 2개씩 묶여 있는 잎은 여름에는 진한 초록색이 돼요

왕벚나무의 여름
벚나무의 열매를 버찌라고 해요. 여름에는 둥근 열매가 검은빛을 띤 자주색으로 익어요.

먹이를 찾아서 날아왔어요

'뻐꾹, 뻐꾹, 꾀꼴 꾀꼴!' 다양한 여름새들이 찾아와요. 풍성해진 먹이감을 찾아 우리나라에서 뜨거운 여름을 보내는 여름새들이에요. 여름 한철을 우리나라에서 지내면서 짝짓기를 하고 새끼를 낳은 다음 가을이 오면 다시 따뜻한 나라를 찾아가요. 여름새들은 다른 계절보다 몸통 색이 다양하고 화려해요.

잘 쉬었다 가렴!

꾀꼬리
몸은 노란색, 날개와 꼬리는 검정색으로 생김새가 아름다워요. '꾀꼴꾀꼴' 하는 울음소리가 맑고 고와요. 여름에는 작은 벌레를 잡아먹고 가을에는 나무 열매를 먹어요.

뻐꾸기
회색 날개를 가졌으며 날개끝과 꽁지는 검은색이에요. 다리가 짧아 알을 품을 수 없어서 자기보다 작은 새의 둥지에 몰래 알을 낳고 키워요.

물총새
청록색 날개를 가졌어요. 먹이를 잡을 때 마치 총을 쏘듯 물속으로 내리꽂으며 잡아요. 수컷이 물고기를 잡아 암컷 부리에 물려 주는데, 암컷이 물고기를 먹으면 짝짓기를 해요.

노랑할미새
가슴과 배는 밝은 노란색이고 꼬리는 할미새 중 가장 가늘고 길어요. 여름이 되기 전에 털갈이를 해서 여름 깃털로 바꾸어요. 주로 사람한테 해가 되는 벌레를 잡아먹어요.

왜가리
보통 목을 굽히고 있지만 쭉 펴면 길이가 1미터쯤 돼요. 날아다닐 때 '와악, 왜왝!' 하고 소리를 내며 목을 S자 모양으로 굽히고 다리를 꽁지 뒤로 길게 뻗으며 날아요.

노랑부리백로
몸 전체가 흰색이에요. 곧추세우고 서 있으며 걸을 때는 다리를 높이 올리며 걸어요. 서해안 갯벌에서 망둥어를 즐겨 잡아 먹어요. 천연기념물로 보호하고 있어요.

해오라기
머리와 등은 진한 푸른색이에요. 목이 굵고 다리가 짧아요. 쉴 때는 한쪽 다리만 세우고 쉬어요. 저녁에 주로 움직이며 밤새 먹이를 찾아다녀요.

파랑새
몸은 진한 청록색이고 날개 아랫면에 흰색 반점이 있어서 날 때 잘 보여요. 나무가 많은 곳에서 살며 나무 위에 있다가 날아다니는 곤충을 잡은 다음 제자리로 돌아가 먹어요.

호반새
햇빛이 잘 들지 않는 숲속에서 살아요. 몸통은 둥그스름하고 전체적으로 갈색을 띤 붉은색이에요. '주루루루루룩' 하는 독특한 울음소리를 가졌어요.

개개비
물가의 풀밭이나 갈대밭에서 살아요. 암컷과 수컷이 같은 빛깔로 황색과 갈색을 섞은 듯해요. 짝짓기 철이 되면 갈대밭에서 수컷이 '개개비비~!' 하고 시끄럽게 울어요.

해가 점점 더 높게 떠요

여름 절기가 되면 해가 점점 더 높이 떠요.
햇빛도 강해지고 낮이 점점 길어져 기온이 쭉쭉 올라가요.
길어진 낮 시간 동안 더위를 이기기 위해 여러 방법을 쓰지만 일손도 멈출 수 없어요.
특히 여름철에는 해야 할 농사일이 많기 때문에 절기와 세시 풍속들 속에도 농사와 관련된 것들이 많았어요.

입하
입하는 5월 초인데 이때부터 여름이 시작돼요. 농작물도 잘 자라지만 잡초도 잘 자라서 농부들의 일손이 아주 바빠져요. 향긋한 쑥을 뜯어 다양한 음식을 만들어 먹어요.

소만
초여름이라고 할 수 있는 소만은 햇볕이 풍부하고 만물이 점차 자라 가득 찬다는 뜻을 담고 있어요. 이때부터 모내기 준비에 바빠져요.

모를 심어 볼까?

망종
망종은 벼나 보리 같이 수염이 있는 곡식의 씨를 뿌려야 할 적당한 시기라는 뜻이 있어요. 이때까지 보리를 다 거두어야 모내기를 할 수 있어요.

하지
낮의 길이가 1년 중에 가장 긴 날이에요. 지구 표면이 태양의 열기를 듬뿍 받아 점점 더워지는 시기예요. 이즈음 비가 안 오면 제사를 지내기도 했어요.

연등에 불을 밝혀 볼까?

대서
일 년 중 가장 더울 때예요. 너무 더워서 맛있는 음식을 만들어 계곡 등을 찾아가서 노는 풍습이 있어요. 날은 더워도 할 일이 많아 농사일은 쉴 수가 없어요.

연등회
오색 연등에 소망과 정성을 담고 등불을 밝혀 부처에게 복을 비는 불교 행사이지만 오래전부터 국가적인 행사로 치러졌어요.

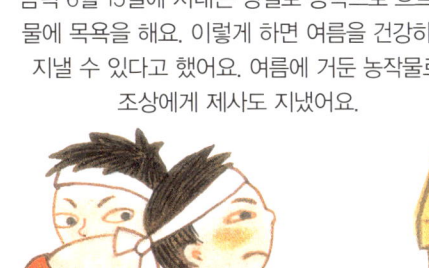

유두날
음력 6월 15일에 지내는 명절로 동쪽으로 흐르는 물에 목욕을 해요. 이렇게 하면 여름을 건강하게 지낼 수 있다고 했어요. 여름에 거둔 농작물로 조상에게 제사도 지냈어요.

소서
이즈음에는 더위와 함께 장마가 오면서 습도가 높아지고 비도 많이 내려요. 과일과 채소가 많이 나고, 밀도 익어서 밀가루 음식을 많이 만들어 먹기도 해요.

단오
숫자 5가 두 번 반복되는 음력 5월 5일이 단오예요. 좋은 기운을 가진 날이라고 여겨 큰 명절로 지냈어요. 창포물에 머리 감기, 씨름, 그네 타기 등의 행사를 해요. 단오 부채를 선물하기도 해요.

복날
초복, 중복, 말복으로 이어지는 복날은 여름 중 가장 더워요. 더위를 이겨 내기 위해 복날에는 몸에 좋은 음식을 먹고 냇물에서 물고기를 잡으며 더위를 식혀요.

농사일로 눈 코 뜰 새 없이 바빠요

뜨거운 햇살 아래 하루가 다르게 식물이 쑥쑥 커 가요. 어느새 들녘에는 초록빛이 넘실거려요. 사계절 중 가장 기온이 높아 무더위가 계속되는 여름에는 그 어느 때보다 작물들이 잘 자라요. 쑥쑥 커 가는 작물을 보면 기분은 좋지만, 농부들은 새벽에 나갔다 저녁에 들어올 정도로 바빠요. 물도 주고 거름도 주고 김매기도 하고 일이 끝이 없어요. 그래서 여름을 농사일이 가장 바쁜 철이라고 농번기라고 불러요.

참, 편리해졌어!

물 대기
벼농사는 물이 아주 중요해요. 논에 물을 대기 위해 예전에는 물을 떠서 옮기거나 물을 판자로 밀어 올리는 방법을 사용했지만 요즘에는 펌프나 양수기로 논에 물을 대요.

논 고르기
모내기 전에 논바닥을 판판하게 고르는 작업이에요. 옛날에는 써레로 했는데, 지금은 트랙터로 하지요. 써레는 뾰족한 살이 7~10개 달린 농기구예요.

모내기
물을 대고 써레질을 한 논에 모를 심는 거예요. 못자리에서 기른 모를 원래 논에 옮겨 심거나 일정 기간 동안 모판에서 자란 모를 논에 심어요.

하지 감자
이른 봄에 심은 감자는 하지 즈음에 수확해요. 그래서 하지 감자라고 해요. 장마가 시작되기 전에 수확을 해야 감자가 상하지 않아요.

잡초를 뽑자!

김매기
다른 말로 논매기, 밭매기라고 해요. 작물이랑 같이 자라는 풀을 뽑아 내서 작물이 잘 자라도록 하는 일이에요. 여름에는 잡초도 잘 자라기 때문에 여러 차례 김매기를 해요.

이삭 거름 주기
이삭은 줄기 끝에 열매가 열리는 부분이에요. 이삭이 피기 시작하면 좀 더 잘 자랄 수 있도록 거름을 주는 것을 이삭 거름 주기라고 해요.

밭작물 수확
밭작물은 밭에서 거두는 농작물이에요. 여름에 잘 자라지요. 여름에는 보리, 밀, 콩, 조, 옥수수, 고추 등 다양한 밭작물을 수확해요.

북주기
논에 물을 대거나 비가 많이 내리면 흙이 쓸려 가는 경우가 많아요. 작물의 뿌리나 밑줄기, 그리고 허물어진 논 가장자리를 흙으로 두둑하게 덮어 주는 것을 북주기라고 해요.

새참
한창 바쁜 농사철인 여름에는 일이 너무 많아서 하루 세 끼만 먹고는 일할 수 없어요. 일을 하다가 잠시 쉬는 사이에 두어 차례 식사를 더 해요. 바로 새참이지요.

두레
바쁜 농사철에는 가족끼리만 농사일을 다 할 수 없어요. 그래서 마을 사람들끼리 힘을 모아 농사일을 돌아가며 도와주어야 해요. 그것을 '두레' 또는 '품앗이'라고 해요.

건강하게 여름을 보내요

시원한 물을 벌컥벌컥 마셔도 여름은 더워요. 너무 더워서 불처럼 뜨겁다고 불볕더위, 찜통 안에 있는 것 같다고 해서 찜통더위라고도 해요. 더위를 이기면서 시원하게 여름을 지내기 위해 시원한 물이나 음료, 과일을 먹거나 시원한 바다를 찾아가기도 해요. 에어컨 앞에서 찬바람을 쐬기도 하지요. 더운 날씨, 높은 습도로 자칫하면 건강을 해칠 수도 있지만 건강하게 여름을 보내도록 노력해요.

냉방병
냉방이 잘된 실내와 바깥의 온도 차이가 심해 우리 몸이 잘 적응하지 못할 때가 있어요. 그러면 냉방병이 와요. 적당한 실내 온도를 유지해 냉방병을 예방해요.

식중독 예방
상한 음식을 먹으면 식중독에 걸릴 수 있어요. 식중독에 걸리지 않으려면 손을 깨끗이 씻고 익히지 않은 생선이나 조개는 주의해서 먹어요. 칼과 도마도 깨끗이 관리해요.

안전한 물놀이
물놀이는 얕은 곳에서 어른들과 함께 해요. 물에 들어가기 전에 준비 운동을 하고요. 너무 오래 물속에 있거나 음식을 먹은 후 바로 물에 들어가면 안 돼요.

불쾌지수
온도, 습도가 다 높으면 불쾌감을 느끼는 불쾌지수가 올라가요. 불쾌지수가 높은 날에는 적당한 실내 온도 유지, 가벼운 운동, 시원한 옷차림을 해서 이겨 내요.

수인성 전염병
콜레라, 장티푸스 등 주로 오염된 물이나 음식을 먹었을 때 생기는 병이에요. 손도 깨끗이 씻고, 안전한 물만 먹고 음식은 반드시 조리해서 먹어요.

눈병 예방
덥고 습해서 눈병을 일으키는 경우가 많아요. 바깥에 나갔다 오면 손과 발을 깨끗이 씻어요. 혹시 눈병에 걸렸을 때는 다른 사람에게 옮기지 않도록 주의해요.

일사병
더운 곳에서 오래 있을 때 일어나는 질병이에요. 뜨거운 열 때문에 체온이 낮아지지 않아서 발생해요. 헐렁한 옷을 입어 체온을 낮춰요. 물을 많이 마시고. 너무 더울 때는 바깥 활동을 줄여요.

피부 지키기
강한 햇빛을 오래 쬐면 피부에도 좋지 않아요. 기미도 생기고 주근깨도 생기지요. 이를 막기 위해 자외선 차단제를 발라요. 햇빛이 쨍쨍할 때는 야외 활동을 줄여요.

탈수 예방
더운 여름에는 땀이 많이 나서 탈수가 되기 쉬워요. 자주 물을 마시고, 수분이 많이 들어 있는 과일을 먹는 것도 좋아요.

모기에 안 물리기
모기에 물리지 않으려면 깨끗이 씻고, 밝은 옷을 입고, 방충망이나 모기장을 쳐요. 만약 물렸을 경우 따뜻한 물로 찜질하고 되도록 긁지 말아요.

목마름을 풀고 시원하게 먹어요

더운 여름에는 시원한 것을 찾아요. 시원한 것을 먹어야 조금이나마 더위를 이겨 낼 수 있으니까요. 하지만 너무 차가운 것을 많이 먹는 것은 좋지 않아요. 무엇보다 물을 많이 먹어야 해요. 땀을 많이 흘려 몸속에서 수분이 빠져나가면 건강을 해칠 수도 있으니까요. 여름에 나오는 여러 과일과 채소는 여름철 갈증을 해결하는 데 좋아요. 그 밖에도 여름 제철 음식을 먹으며 더위를 이겨 내요.

감자

밥 대신 먹어도 충분한 감자는 여름철 최고의 영양식이에요. 고소하고 담백한 맛이 나는 감자는 쪄서 먹기도 하고 수프나 감잣국을 해서 먹어도 맛있어요.

가지

가지의 보랏빛은 우리 몸에 좋은 영양소를 가지고 있어요. 기름을 넣고 볶아 먹으면 꼬들꼬들하고 고소한 맛이 나요. 쪄서 나물로 먹거나 시원하게 냉국으로도 먹어요.

옥수수

맛도 좋고 영양도 좋은 옥수수는 여름철 별미 간식이에요. 푹 쪄서 한 알씩 따서 먹으면 톡톡 터지는 알갱이가 고소하고 맛있어요.

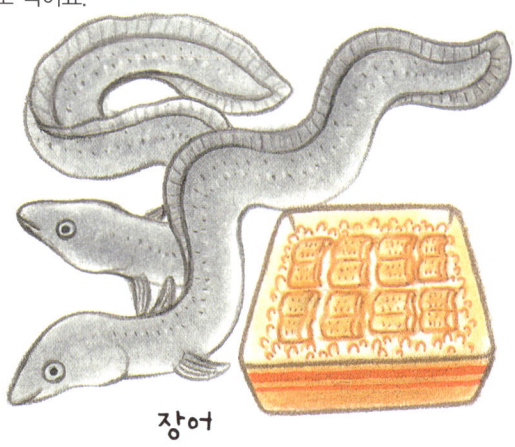

장어

장어는 영양가가 많아서 더운 여름날 기운이 많이 빠졌을 때 먹으면 좋아요. 구워 먹거나 덮밥 등으로 해 먹으면 담백하고 맛있어요.

콩국수
콩은 영양 식품 중 하나예요. 삶은 콩을 갈아서 시원하게 국물을 만들고 국수를 넣어 먹어요. 고소한 콩국수는 여름철 건강 음식이에요.

도라지
쌉쌀한 맛과 향이 있지만 요리하기 전에 물에 오래 담가 두면 쓴맛을 없앨 수 있어요. 날로 먹으면 아삭하고 익혀서 나물로 해 먹어도 맛있어요.

열무김치
여름철에 많이 담그는 열무김치는 푸른 잎과 시원한 김치 국물이 입맛을 돋워 줘요. 열무김치로 비빔밥이나 냉면을 만들어 먹으면 맛있어요.

팥빙수
곱게 간 얼음에 달게 졸인 팥, 우유, 과일, 떡 등 여러 재료를 얹어서 먹어요. 팥빙수를 먹으면 입이 달달해지고 속이 시원해요.

삼계탕
닭 한 마리에 인삼, 마늘, 대추, 찹쌀 등을 넣고 오래 끓여서 먹는 여름철 건강식이에요. 먹을 때는 뜨겁지만 먹고 나면 속이 든든하고 건강해지는 느낌이 들어요.

복달임이 뭐예요?
여름 동안의 초복, 중복, 말복은 너무 더워서 삼복더위라고 불러요. 이때에는 시원한 계곡을 찾아가거나 바닷가 모래밭에서 찜질을 하며 더위를 물리쳤어요. 또한 더위에 지친 건강을 회복하기 위해 건강식을 먹었는데 그것을 복달임이라고 해요. 복달임을 할 때는 삼계탕처럼 주로 고기를 넣고 국을 끓여 먹었어요.

호박잎쌈
여름철 호박잎은 달콤한 맛도 좋고 부드러워 먹기 딱 좋아요. 겉껍질을 벗겨 살짝 찐 호박잎에 밥과 강된장을 넣고 싸 먹으면 더위로 잃었던 입맛을 찾을 수 있어요.

여름 농사에 도움이 되는 속담이 많아요

뜨거운 햇살 아래 여러 식물과 농작물들이 푸르게 익어 가는 여름이에요. 무엇보다 농사일이 한창이지요. 날씨가 농사에 많은 영향을 미치는데, 예전에는 과학적으로 날씨를 예측할 수 없었어요. 대신 조상들은 오랜 시간 겪어 온 경험을 통해 날씨를 예측했고, 그것을 속담에 담아 두었어요.

초복날 소나기는 한 고방의 구슬보다 낫다

날씨가 덥고 가뭄이 들기 쉬운 초복에 비가 오면 농사에 아주 도움이 돼요. 그렇게 내리는 소나기는 고방 가득 들어 있는 구슬보다 낫다는 뜻이에요. 고방은 광을 말해요. 농사철 비의 소중함을 이야기할 때 쓸 수 있어요.

삼복지간에는 입술에 붙은 밥알도 무겁다

삼복은 가장 더울 때예요. 그 기간은 너무 더워서 모든 일이 힘들어요. 그래서 입술에 붙어 있는 밥알조차도 무겁게 느껴진다는 말이에요. 너무 더운 여름을 비유적으로 말하고 있어요.

칠월 높새바람에 볏잎 마르듯 한다

높새바람은 기온이 높고 건조한 바람이에요. 여름철에 불어오는 높새바람을 맞으면 짧은 시간에도 볏잎이 바짝 말라요. 이 속담은 공들이는 일이 순식간에 못 쓰게 되어 버렸을 때 사용할 수 있어요.

메뚜기도 여름 한 철

여름철 논과 들에는 메뚜기가 제 세상인 듯 활발하게 돌아다녀요. 하지만 풀이 꺾여 나가고 나면 금방 사라져 버리지요. 한순간 좋은 때가 있지만 그것도 시간이 지나면 없어진다는 뜻이에요.

백중사리에는 물놀이 조심!

칠월 백중사리에 오리 다리 부러진다

음력 7월 15일 백중날에 썰물과 밀물이 가장 높이 들어오는 때가 백중사리예요. 그때는 바닷물의 흐름이 빨라서 오리 다리가 부러질 정도가 된다는 뜻이에요. 바다에 들어갈 때는 조심하라는 교훈이 담겨 있어요.

입하 바람에 씨나락 몰린다

입하에는 못자리에 볍씨를 뿌리고 물을 대 놓아야 할 때예요. 그즈음에 바람이 불면 볍씨가 한쪽으로 몰리기 때문에 입하에 바람이 부는 것은 좋지 않다는 뜻이에요. 씨나락은 벼의 종자를 뜻하는 말이에요.

오뉴월 감기는 개도 아니 앓는다

여름에는 감기를 잘 앓지 않는데 감기가 걸렸다는 것은 그 사람이 좋지 않기 때문이라는 것을 비웃듯이 하는 말이에요. 또 여름 감기에 걸리면 낫기가 힘들어서 개도 조심해야 할 정도라는 뜻을 담고 있어요.

여름에 하루 놀면 겨울에 열흘 굶는다

농사일이 한창 바쁜 여름철에 하루라도 놀게 되면 그만큼 농사에서 얻는 것이 적다는 뜻을 담고 있어요. 한창 일을 해야 할 때 앞날을 생각하면서 게을리하지 말라는 교훈을 담고 있어요.

칠월 귀뚜라미가 가을 알 듯 한다

아직 여름이 가지 않았지만 가을이 오고 있다는 것을 귀뚜라미가 알려 줘요. 어떤 일에는 적당한 시기가 있다는 것을 말해 주는 속담이면서 모든 일을 다 알고 있다고 잘난 척하는 사람을 조롱하듯 빗대서 말할 때도 써요.

여름비는 잠 비다

모심고 보리타작하느라 여름에는 많이 바빠요. 그런데 일단 이 일이 끝나고 비가 오면 잠시 별로 할 일이 없어요. 농사일로 바쁜 여름에 더위를 잠시 식혀 줘서 낮잠 자기 좋은 날씨가 된다는 뜻을 갖고 있어요.

신나는 여름 방학이에요

여름에는 너무 더워서 낮에 학교에서 공부하기가 힘들어요. 그래서 학교를 일정 기간 쉬어요. 바로 여름 방학이에요. 손꼽아 기다려온 날이지요. 방학이 되기 전에 방학 동안 무엇을 할까 미리 계획을 세워요. 시원한 바다를 찾아 가족과 여행도 계획하고 부족한 공부도 하고 책 읽을 계획도 세워 보아요. 친구들과 신나게 여름 방학을 즐길 계획도 세우고요.

물놀이
수영장이나 바다를 찾아가서 물놀이를 할 수 있어요. 근처 공원의 분수놀이터에서도 간단하게 물놀이를 할 수 있어요. 물놀이는 어른과 같이 해야 해요.

계획 세우기
방학이 시작되기 전에 미리 계획을 세워요. 계획은 꼭 실천할 수 있게 세우는 것이 좋아요. 하루하루의 계획도 세우고 방학 동안 무엇을 할 것인지 큰 계획도 세워요.

농촌 체험 활동
시골 친척집이나 체험 학습 전문 기관을 통해 농촌 체험 활동을 해요. 농산물 심기와 수확 같은 활동을 통해 농사의 소중함을 경험해 보아요.

독서하기
학교를 다닐 때는 시간이 부족해서 읽지 못했던 책을 골라서 읽어 보아요. 도서관에 가면 시원하고, 많은 책들이 있기 때문에 여름 방학을 알차게 보낼 수 있어요.

여행이나 캠프 가기
가족과 함께 할 수 있는 여름 여행 계획을 세우고 실천해 보아요. 가 보고 싶은 곳이나 시원한 곳을 찾아 여행을 하거나 캠프를 하면서 즐거운 추억을 쌓아요.

봉사 활동
1365자원봉사포털(www.1365.go.kr)에 들어가서 내가 할 수 있는 자원봉사를 찾아서 해 보아요. 자원봉사를 통해 여름 방학을 보람되게 보낼 수 있어요.

집안일 돕기
방학 동안 집안일을 돕는 시간을 가져요. 심부름, 방 청소하기 등 내가 할 수 있는 일을 찾아 해 보고 가족의 소중함을 느끼는 시간을 가져 보아요.

운동과 취미 활동하기
자전거 타기, 그림 그리기, 줄넘기, 스포츠 관람, 악기 배우기 등 다양한 운동과 취미 활동을 하면서 건강과 즐거움을 찾아요.

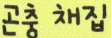

곤충 채집
여름에는 여러 곤충들이 활동을 해요. 곤충 채집을 통해 곤충을 직접 관찰해 보고 곤충 생태에 대해 알아볼 수 있어요.

방학 체험 활동
박물관, 미술관, 과학관에서는 여름 방학을 맞아 다양한 활동을 체험할 수 있는 프로그램을 준비하고 있어요. 홈페이지 등에서 일정이나 활동 내용을 미리 알아보고 참여해 보아요.

여름과 겨울 사이, 세 번째 계절인 가을이 있어요. 9월부터 11월까지가 가을이에요. 시원한 바람이 불어오고 나무는 초록색에서 울긋불긋한 색으로 갈아입어요. 넓은 들판에는 추수를 앞둔 벼들로 황금물결이 넘실거려요. 가을이 오면 사람들이 제일 많이 이야기하는 말이 있어요. 천고마비! '하늘은 높고 말은 살찐다.'는 뜻을 가진 이 말은 가을을 잘 표현해 주는 말이에요. 가을은 날씨가 좋아서 사람들이 활동하기 좋은 때라는 의미를 담고 있어요.

하늘은 파랗고 서늘한 바람이 불어요

코끝에서 느껴지는 바람이 시원해요. 줄줄 흐르던 땀방울이 서늘한 바람을 맞으며 쏙 들어갔어요. 더위가 조금씩 물러가면서 아침저녁으로 서늘한 바람이 불어와 한결 지내기 편해졌어요. 낮 기온이 가끔 여름처럼 올라가기는 하지만 이제 더울 일은 없어요. 하늘이 높아지고 시원한 바람이 불어오는 가을이 되었으니까요. 파란 하늘, 맑은 공기, 따스한 햇볕 그리고 시원한 바람! 가을은 활동하기 좋은 계절이에요.

파란 하늘

높은 곳의 공기가 햇빛과 만나면서 산란을 하는데 이때 파란색이 더 많이 산란하면서 하늘이 파랗게 보여요. 또한 양쯔강 기단의 영향으로 수증기와 먼지가 적어져 하늘이 더 선명하게 보여요.

맑은 공기

양쯔강 기단의 영향으로 맑은 날씨가 계속되며 늦장마로 인해 공기 중의 먼지가 깨끗이 씻겨 나가기 때문에 가을 하늘은 깨끗해 보이고 공기도 맑아요.

바람이 불 땐 바람개비 놀이!

늦장마

시베리아 고기압이 발달하면서 북쪽에 있던 장마 전선이 다시 내려와 가을에 장마가 올 때가 있어요. 짧게 많이 내리기도 하지만 어떤 해에는 나타나지 않기도 해요.

빛의 산란이란?

태양에서 지구로 햇빛이 비쳐요. 이때 햇빛이 지구를 둘러싼 질소, 산소 등의 공기와 서로 부딪치면서 빛이 사방으로 다시 퍼지는데 이것이 빛의 산란이에요. 산란이 많이 되는 색의 빛이 우리 눈에 더 많이 들어오는데 보라색과 파란색이 빨간색보다 훨씬 산란이 잘 되기 때문에 하늘이 파랗게 보이지요.

가을아, 서늘한 바람!

찬 이슬
가을에는 일교차가 커요. 특히 새벽의 기온은 가을이 깊어 갈수록 점점 내려가요. 이 때문에 공기 중의 수증기가 물방울로 바뀌는 이슬이 생기는데 기온이 낮은 만큼 차가운 이슬이 맺혀요.

기온 내림
초가을에는 낮에도 기온이 많이 오르지만 밤에는 기온이 내려가요. 또한 가을이 깊어질수록 시베리아 고기압이 발달하면서 기온도 점점 떨어져요.

가을볕
햇빛이 내리비치는 양은 봄이 가을보다 많지만 가을은 봄보다 습도가 높아요. 습도가 높으면 햇볕이 따갑게 느껴지지 않고 더 쾌적하게 다가와요.

가을 가뭄
건조한 양쯔강 기단의 영향으로 9월 중순에서 10월까지 오랫동안 비가 내리지 않아 가뭄이 나타나요. 가을 가뭄은 농작물에 많은 피해를 줘요.

첫서리
땅 표면의 온도가 내려갔을 때 공기 중의 수증기가 땅과 만나면 얼어붙어요. 이때 생긴 매우 작은 얼음이 서리예요. 맑고 바람 없는 가을날에 첫서리가 내려요.

가을 구름
가을 구름은 수평 방향으로 흘러요. 구름 중에서 가장 높은 곳에 생기는 털구름, 작은 구름 덩어리가 양떼처럼 뭉쳐 있는 높쌘구름 등이 가을에 자주 눈에 띄어요.

향기로운 가을꽃이 피어요

계절마다 다른 꽃이 피는 것은 온도도 다르고, 기후도 다르고, 꽃이 필 수 있도록
도와주는 곤충들도 다르기 때문이에요. 이렇듯 계절의 특성에 따라 피는 꽃이 다르지만
가을에 피는 꽃은 봄과 여름에 비해서 적어요. 낮이 짧아져 식물이 해를 보는 시간도
줄고 기온도 낮아지기 때문이지요. 그래서 가을에 피는 꽃들은 씨도 작게 맺고
대부분 열매도 없어요. 하지만 향기와 아름다움은 간직하고 있어요.

국화
가을에 가장 많이 볼 수 있는 꽃이에요. 노란색,
흰색, 빨간색, 보라색 등 품종에 따라 여러 색의
국화가 있어요. 또 크기에 따라 대국, 소국
등으로도 나뉘어요.

코스모스
붉은색, 흰색 꽃도 있지만 분홍색 꽃이 제일
많아요. 곧고 가는 줄기에 달린 꽃이 작은
바람에도 부드럽게 흔들거려요.

구절초
연한 홍색이나 백색의 꽃이 피어요.
산구절초에 비해 잎, 꽃 등이 더 커요.
아홉 번 꺾이는 풀이라는 뜻에서
구절초라는 이름을 갖게 되었어요.

억새
전국의 산과 들에서 무리를 이루며 자라요.
가을에 피는 회갈색의 꽃은 부채 모양으로 피며
줄기 끝에 작은 이삭이 촘촘히 달려요.

머리에 쓰는 투구처럼 생겼네!

투구꽃
자주색 꽃이 피는데 모양이 투구나 고깔을 닮았어요. 초오라는 투구꽃 뿌리는 약재로도 쓰이지만 강한 독을 갖고 있어요.

큰엉겅퀴
엉겅퀴 중에서 가장 커요. 자주색 꽃이 피는데 꽃봉오리가 고개를 숙이듯 밑으로 늘어지며 피어요. 특히 꽃에는 거미줄 같은 털이 있어요.

방울꽃
낮은 지대, 물가, 그늘 같은 곳에서 잘 자라요. 연한 자주색 꽃이 피는데, 아침에 피었다가 저녁에 져요. 꽃잎 끝은 다섯 갈래로 나뉘어 있어요.

용담
전국의 산과 들 양지바른 곳에서 잘 자라요. 줄기는 자주색이고 종 모양의 꽃은 주로 보라색이에요. 간혹 흰색도 있어요. 용담의 뿌리는 약으로도 쓰여요.

꽃향유
분홍빛이 나는 자주색 또는 보라색 꽃이 피어요. 줄기와 가지 끝에 한쪽 방향으로만 뭉쳐서 펴요. 향기가 무척 좋아요.

과꽃
흰 털이 나 있는 줄기는 곧추 자라며, 꽃은 줄기와 가지 끝에서 동그랗게 피어요. 꽃의 가장자리는 자주색이고 가운데는 노란색이에요.

따듯한 나라를 찾아서 떠나요

이제 점점 추워져서 우리나라에 있을 수 없어요. 따듯한 곳을 찾아 떠나야 해요. 봄가을 우리나라에서 잠시 쉬었다가 따듯한 곳을 찾아 떠나는 새들을 나그네새라고 해요. 도요새나 물떼새 같은 새들이 우리나라를 지나가는 대표적인 나그네새예요. 나그네새들은 먼 곳으로 날아가야 하기 때문에 부지런히 먹이를 찾아다녀요. 때가 되면 우리나라를 떠나지만 다시 계절이 바뀌면 우리나라를 찾아올 거예요.

휘파람새
맑은 휘파람 소리를 내며 울어요. 혼자 살거나 암컷과 수컷이 짝 지어 살아요. 따듯한 곳에서 겨울을 나요.

검은머리촉새
봄가을 우리나라에서 머물다가 따듯한 곳에서 겨울을 나는 나그네새예요. 몸집이 작아요. 수컷은 밤색이고 암컷은 대가리 쪽에 세로무늬가 있어요.

꼬까참새
강변의 갈대숲이나 동네 야산 등지에서 씨앗이나 곤충을 잡아 먹고 살아요. 암컷과 수컷의 색이 달라요.

밭종다리
겨울이 되기 전 따듯한 곳을 찾아가는 밭종다리는 흰색 꽁지 깃털이 눈에 띄는 새예요. 먹이를 찾으러 다닐 때 이 꽁지를 조금씩 흔들어요.

또, 날아오렴!

넓적부리도요
검은색 부리가 주걱처럼 생겨서 넓적부리라는 이름이 붙었어요. 부리를 좌우로 흔들며 먹이를 잡아먹어요. 봄가을 우리나라 갯벌에서 머물다 가요.

개꿩
꿩이라는 이름이 붙어 있지만 꿩보다 훨씬 작은 물떼샛과의 새예요. 무리 지어 갯벌에서 살아요. 부리는 검은색이며 날개깃은 어두운 갈색으로 흰색 점무늬가 있어요.

노랑딱새
등은 검정색이고 날개에는 흰색 띠가 있어요. 봄가을에 산이나 공원의 숲 같은 곳에서 볼 수 있으며 우리나라에서 잠시 머물다가 따듯한 곳을 찾아 떠나요.

제비갈매기
나그네새로 10월쯤 되면 갯벌이 많은 곳에서 흔하게 볼 수 있어요. 몸의 윗면은 회색이고 아래는 흰색이에요. 무리를 지어 먹이를 찾고 무리를 지어 이동해요.

울새
숲이나 마을에서 살며 아름다운 울음소리를 가졌어요. 대가리와 등, 날개가 연한 녹색을 띤 갈색이며 암컷과 수컷의 모습이 같아요.

흰물떼새
우리나라를 지나가는 대표적인 나그네새예요. 물떼새 가운데 유독 몸통이 흰색을 많이 띠어요. 바닷가, 강, 저수지 등에서 무리 지어 살아요.

가을 논밭과 뜰에서 신나게 울어요

계절이 바뀔 때 달라지는 소리가 있어요. '맴맴' 하고 울던 매미소리가 슬그머니 줄어들더니 '귀뚤귀뚤' 하고 귀뚜라미가 울어요. 귀뚜라미 울음소리는 가을이 왔다는 신호예요. 귀뚜라미는 가을에 쉽게 만날 수 있는 곤충이에요. 요즘 도시에서는 귀뚜라미 소리가 잘 들리지 않지만 그래도 가을이면 다양한 곤충들의 울음소리를 들을 수 있어요. 귀뚜라미뿐만 아니라 메뚜기, 방아깨비 등이 가을에 만날 수 있는 곤충이에요.

고추잠자리
곤충 중에서 잠자리가 가장 빨리 날아요. 다 자란 수컷의 몸 색깔이 붉은색이라 고추잠자리라고 해요. 늪이나 연못 근처에서 무리 지어 살아요.

왕사마귀
사마귀 중에서 몸집이 제일 커요. 몸통은 초록색이에요. 화가 나면 앞다리를 번쩍 들기도 하고, 먹이가 다가오면 앞다리로 움켜잡기도 해요.

벼메뚜기
앞다리는 짧지만 뒷다리가 길고 튼튼해 폴짝폴짝 잘 튀어 올라요. 가을이 되면 몸통 색깔이 풀색을 따라 황녹색으로 바뀌어요. 주로 벼 잎을 갉아 먹어요.

방아깨비
들이나 풀밭에서 주로 살아요. 대가리가 뾰족하게 생겼으며 뒷다리가 길어요. 뒷다리를 잡고 있으면 마치 방아를 찧는 것처럼 끄덕거려요. 암컷이 수컷보다 훨씬 커요.

팥중이
팥을 좋아해서 주로 팥밭에서 많이 살아요. 몸 색깔은 갈색이며 녹색 반점이 있어요. 주로 낮에 활발히 움직이며 날개짓을 하면 파닥파닥 소리가 나요.

남방노랑나비
짙은 노란색 날개 끝부분에 검은색 무늬가 있는데 가을 남방노랑나비는 검은 무늬가 조금밖에 없어요. 주로 숲 주변 낮은 곳에서 날아다녀요.

방울벌레
방울 소리를 내는 곤충이에요. 몸은 짙은 갈색이에요. 길게 뻗은 두 개의 더듬이로 냄새를 맡거나 어둠 속에서 주위를 살필 때 사용해요.

땅강아지
몸 전체가 털로 덮여 있으며 흑갈색이에요. 앞다리는 넓적하게 생겨서 땅을 잘 팔 수 있어요. 이 다리로 땅속에 구멍을 내고 그 속에 알을 낳아요.

긴꼬리
몸이 가늘고 연노란색이에요. 뒷날개의 끝이 길게 꼬리처럼 뻗어 있어요. 날개를 서로 비벼서 울음소리를 내는데 아름다운 소리를 내는 곤충 중의 하나예요.

귀뚜라미
밤에 주로 활동해요. 양쪽 날개를 이용해서 소리를 내요. 소리는 수컷만 내는데 암컷을 유혹할 때는 부드러운 소리를 내고 다른 수컷과 마주쳤을 때는 짧은 된소리를 내요.

주렁주렁 열매가 익어 가요

더운 여름을 견딘 나무들이 가을에 맞게 모습을 바꿔 가고 있어요. 아침저녁으로 서늘하지만 한낮에는 햇살이 뜨겁기 때문에 미처 다 영글지 못한 열매들이 알차게 익어 가요. 열매는 씨가 제대로 자랄 때까지 지키고 보호해 주는 역할을 하는데, 가을에는 다양한 나무들의 열매가 익어요. 감, 밤, 은행 등 많은 나무들의 열매가 가을에 제대로 익으면서 씨앗을 퍼뜨릴 준비를 하는 거예요.

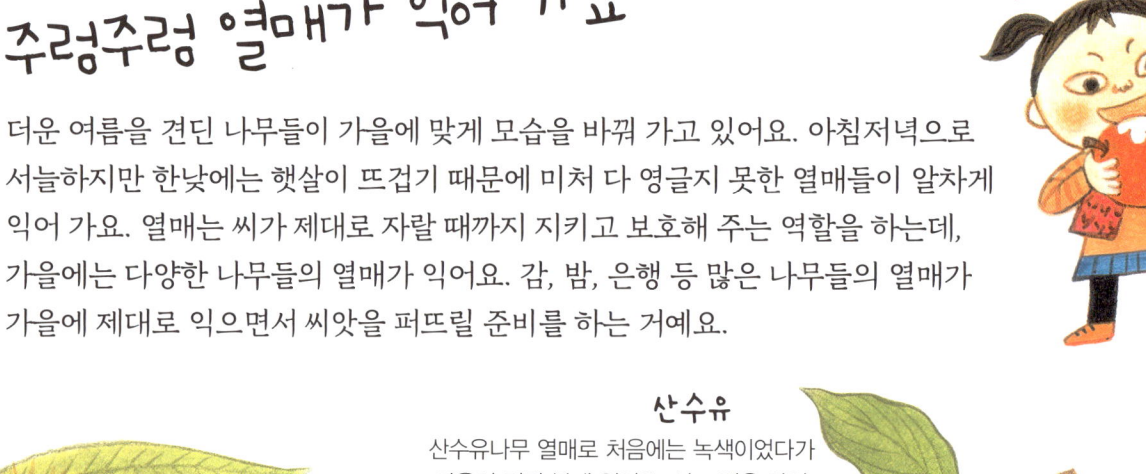

산수유
산수유나무 열매로 처음에는 녹색이었다가 가을이 되면 붉게 익어요. 시고 떫은 맛이 강하고 약간의 단맛이 있어요. 약재로 많이 쓰여요.

밤
밤나무의 열매로 가을이 되면 가시로 덮인 밤송이가 벌어져요. 짙은 갈색이 되면 밤이 잘 익은 거예요. 찌거나 구워서 먹으면 고소한 맛이 나요.

호두
가을에 열매가 잘 익었을 때 수확을 해요. 둥글고 단단한 껍질을 까면 뇌처럼 생긴 속살이 들어 있어요. 호두의 속살은 고소하며 영양가가 높아요.

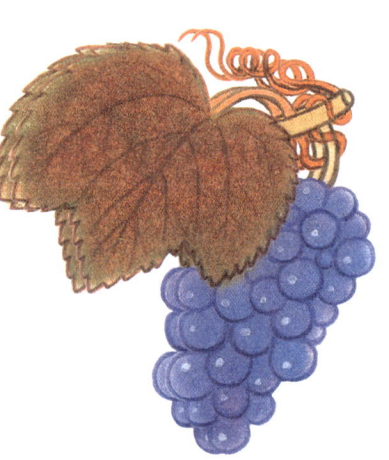

왕머루
가을에 붉은 단풍도 들지만 둥근 열매가 송이송이 뭉쳐서 흑색으로 익어요. 열매는 포도처럼 새콤달콤한 맛이 나요.

도토리
떡갈나무, 굴참나무, 상수리나무 등에서 나오는 열매로 가을에 산을 오르다 보면 쉽게 볼 수 있어요.

모과
모과나무의 열매로 달걀을 거꾸로 세운 모양이에요. 모과는 9월에 노랗게 익어요. 향기가 무척 좋으며 신맛이 나요.

대추
초록색 열매가 가을이 될수록 붉게 익으면서 단맛이 강해져요. 날로 먹거나 말려서 요리에 사용해요.

은행
가을이면 암그루에 달린 열매가 노란색으로 익으면서 땅에 떨어져요. 노란 과육에서는 구린내가 나요. 씨의 단단한 껍질을 까고 푸른 속살을 구워 먹으면 고소한 맛이 나요.

감
가을에 주황색으로 익어요. 날로 먹기도 하고 껍질을 벗기고 말려서 곶감을 만들기도 해요. 단맛도 좋고 부드러워 먹기도 좋아요.

잣
10년 이상 된 잣나무에서 얻을 수 있어요. 솔방울 안에서 자라는 잣은 향기도 좋고 고소한 맛이 나요. 그냥 먹기도 하지만 죽을 끓여서 먹기도 해요.

배
가을이 제철인 우리나라 배가 세계에서 으뜸이에요. 우리나라 배에는 시원하고 달콤한 과즙이 듬뿍 들어 있거든요.

사과
늦여름부터 가을까지가 제철이에요. 씹으면 아삭아삭하고 단맛이 나요. 몸에 좋은 영양소가 많이 들어 있어요.

한 해 농사를 거둬들여요

가을이 되었다고 농부들이 쉴 수 있는 것은 아니에요. 아직 한 해 농사가 끝나지 않았으니까요. 가을은 봄여름에 뿌리고 키운 곡식을 거둬들이는 때예요. 누렇게 익은 벼들이 황금들판을 이루고 있어요. 농부들은 한 해 농사의 마무리를 위해 열심히 가을걷이를 해요.

도랑 치기
가을걷이 전에 논바닥을 말려야 해요. 그래서 도랑을 내서 논으로 향하는 물길을 바꾸는 도랑 치기를 해요.

도정
볍씨의 껍질을 벗겨 내고 쌀을 만드는 작업이에요. 예전에는 방아나 절구를 이용해서 껍질을 벗겼지만 요즘에는 기계로 해요.

탈곡하기
예전에는 일일이 볏짚을 올려 주고 낱알을 거둬야 했지만, 요즘은 이삭에서 낱알을 털어 내는 탈곡기를 이용해요. 탈곡기는 지푸라기는 날려 버리고 곡물만 모아 줘요.

콤바인
요즘 벼 수확은 거의 콤바인이 해요. 벼를 베는 동시에 벼 이삭에서 낱알을 떨어내고 그것을 다시 포대에 담는 일을 한 번에 할 수 있는 기계예요.

타작
낱알이 많이 열리는 부분이 이삭인데 타작은 그것을 떨어내 깨끗한 곡식으로 만드는 거예요. 예전에는 도리깨 등으로 하였으며 넓은 마당에서 해서 '마당질'이라고도 했어요.

가을걷이

가을에는 벼만 수확하는 것이 아니라 콩, 조, 메밀, 기장과 같은 곡물과 참깨, 고구마, 고추 같은 작물도 거둬요. 작물마다 가을걷이하는 시기와 방법이 달라요.

추수

추수는 잘 여문 곡식을 거두어들이는 일이에요. 벼농사에 있어서 모내기, 김매기와 더불어 제일 중요한 일이에요. 가을걷이라고도 해요.

새 쫓기

벼 이삭이 여물거나 다 익었을 때 새들이 날아와 이를 쪼아 먹어 농사에 해를 끼쳐요. 옛날에는 이를 막기 위해 사람이나 동물 모양의 허수아비를 세웠어요. 지금은 조류 퇴치기 같은 기계를 이용해요.

벼 베기

기계가 나오기 전에는 벼 베기를 낫으로 했어요. 한 손으로 벼 줄기를 잡고 다른 손으로 벼의 밑동을 베면 돼요. 제때 벼 베기를 하지 않으면 낟알이 땅에 떨어져요.

볏단 묶기

벼 베기를 한 것을 한 다발이 되도록 묶어요. 잘 말렸다가 낟알을 떨어내요. 예전에는 이런 과정을 '볏가을', '볏단 거두어들이기'라고 했어요.

맑은 가을 하늘을 바라며 가을 절기를 보내요

둥근 보름달을 보면 마음이 넉넉해지는 듯해요. 예전부터 둥근달을 넉넉하고 풍성한 것으로 여겼기 때문일 거예요. 가을의 세시 풍속 가운데는 보름달이 뜨는 날 치러지는 경우가 많아요. 특히 가을은 열심히 지었던 한 해 농사를 거두는 시기예요. 그래서 둥근달을 보며 맑은 날씨가 이어져 풍년이 되기를 바라는 마음을 가득 담아 가을 절기를 보냈어요.

입추

가을의 시작을 알리는 절기예요. 실제 입추는 여름 절기인 대서와 가을 절기인 처서 사이에 들기 때문에 일 년 중 한창 더울 때이기도 해요.

백로

백로라는 말은 농작물에 이슬이 맺힌다는 말이에요. 이 시기에는 밤에 기온이 내려가 대기 중의 수증기가 엉겨 이슬이 되어 풀잎에 맺혀요.

처서

처서라는 말에는 더운 기운이 멈춘다는 뜻이 있어요. 이때에는 아침저녁 일교차가 조금씩 커지고 더위도 한풀 꺾여 선선한 가을을 맞이할 수 있어요.

추분

춘분처럼 추분에도 낮과 밤의 길이가 똑같아요. 이날 이후부터 낮이 짧아져서 계절의 변화를 느낄 수 있어요. 잘 익은 벼가 고개를 숙이며 황금들판이 돼요.

칠월칠석
옛날 이야기 속 견우와 직녀가 까마귀와 까치가 놓아 준 오작교를 건너 일 년에 한 번 만나는 날이에요. 음력 7월 7일인 이날은 항상 비가 온다고 했는데, 견우와 직녀가 다시 헤어지는 게 슬퍼서 눈물을 흘리기 때문이래요.

백중날
음력 7월 보름날이 백중이에요. 이즈음에는 백 가지 곡식의 씨앗을 마련할 수 있다고 백중날이 되었어요. 음식을 준비해서 조상에게 차례를 지내요.

한로
이슬이 찬 공기를 만나 서리가 된다고 해서 한로예요. 더 추워지기 전에 추수를 마쳐야 하기 때문에 농촌에서는 한창 바쁠 때예요.

상강
이 시기에는 날씨가 쾌청하지만 밤에는 기온이 낮아져 서리가 내려요. 겨울잠을 자려는 벌레들이 모두 땅속에 숨으며 단풍이 한창 보기 좋아져요.

중양절
음력 9월 9일이에요. 숫자 9가 두 번 겹쳐서 기운이 좋은 날로 여겼어요. 국화전 등을 만들어 먹고 높은 곳에 올라가서 단풍을 보며 하루를 즐겁게 지냈어요.

호미씻기
백중날의 다른 이름은 머슴날이에요. 이날 호미씻기를 하는데 농사를 짓느라 힘들었던 사람들이 하루 쉬면서 맛있는 음식도 먹고 신나게 놀아요.

우리의 명절 추석을 즐겨요

신라 때 도읍 안의 여자들이 두 편으로 나뉘어 베를 짜는 시합을 벌였어요. 한 달 동안 계속된 이 시합은 8월 15일에 어느 편이 이겼는지 심사를 했어요. 이때 진 편이 이긴 편에게 맛있는 음식을 대접하고 그날 하루 즐거운 시간을 가졌어요. 이것이 추석의 시작이에요. 추석에는 한 해 동안 열심히 농사지은 곡식과 과일을 조상에게 바치면서 감사하는 마음을 가졌어요. 추석은 설, 단오와 함께 우리나라 3대 명절 중의 하나예요.

한가위
추석의 다른 이름으로, 8월의 한가운데 있는 큰 날이라는 뜻이 있어요. 덥지도 춥지도 않은 가장 좋은 때라는 의미에서 '더도 말고 덜도 말고 한가위만큼만'이라는 말도 있어요.

벌초
조상의 산소를 찾아가 무성하게 자란 풀을 베거나 주변을 정리하여 깨끗하게 보살피는 것이 벌초예요. 벌초는 추석 전에 미리 해요.

올게심니
추석을 전후해 그해 지은 농산물 중에서 가장 잘 익은 곡식을 베어 창고나 기둥 등에 매달아 놓는 풍습이에요. 이듬해에도 풍년을 기원하는 뜻이 담겨 있어요.

추석빔
추석 즈음에는 계절이 바뀔 때라 옷을 바꿔 입어요. 그래서 추석 때 새 옷을 해 입는데 그것을 '추석빔'이라고 해요.

송편
햅쌀을 쌀가루로 만들어 반죽한 뒤 콩, 녹두, 깨 등을 소로 넣어 둥글게 빚어요. 찔 때 켜켜이 솔잎을 깔기 때문에 송편이라는 이름이 붙었어요.

토란국
추석에 먹는 특별한 음식 가운데 하나예요. 껍질을 벗긴 토란을 다시마와 쇠고기를 같이 넣고 국을 끓여요.

차례
원래 차를 올리며 지냈지만 차 대신 술을 올리는 예로 바뀌었어요. 햇곡식으로 송편을 만들고 햇과일과 각종 음식을 마련해서 아침에 조상에게 차례를 지내요.

성묘
조상의 산소를 찾아가 손질하고 보살피는 걸 말해요. 주로 한식과 추석, 설에 성묘를 했어요.

강강술래
강강술래는 풍요를 상징하는 달을 생각하며 하는 놀이예요. 추석날 밤 환한 달이 떴을 때, 동네 여자들이 손을 잡고 둥글게 서서 원을 그리며 '강강술래' 노래를 불러요.

달맞이
다른 사람보다 먼저 둥근 보름달을 보고 소원을 빌면 좋다고 했어요. 또 둥근 보름달을 보고 농사가 잘 될지 안 될지를 점을 치기도 했어요.

귀향길
많은 사람들이 명절이 되면 고향을 찾아가요. 고속 도로가 엄청 막혀도 고향 가는 길이 즐거워요.

아름다운 색으로 갈아입어요

하루하루 나무의 색이 달라지고 있어요. 나무도 가을을 보내고 겨울을 맞을 준비를 해요. 첫 번째 준비가 단풍이에요. 단풍은 날씨 변화로 녹색 잎이 붉은색이나 노란색, 갈색으로 변하는 것을 말해요. 밤과 낮의 기온 차이가 크게 날수록 단풍은 더 고운 색으로 물들어요. 나뭇잎으로 가는 물과 영양분이 줄어들면서 낙엽이 지고요.

감나무
가을이 되면 열매인 감도 잘 영글고 크고 넓은 잎이 붉은색으로 단풍이 들어요. 감나무 단풍잎은 광택이 나서 특히 더 아름다워요.

은행나무
은행나무는 오래 사는 나무예요. 은행 열매가 은빛 나는 살구를 닮았다고 해서 은행나무라는 이름이 붙었어요. 잎은 노란색으로 단풍이 들며 약재로 사용돼요.

단풍나무
손바닥 모양의 잎은 마주나며 끝이 길고 뾰족하게 생겼어요. 대부분의 단풍나무들이 붉은색으로 단풍이 들어요.

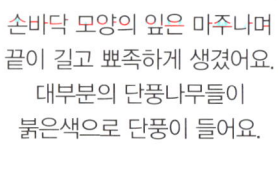

신나무
긴 손바닥 모양의 잎은 가을에 붉은색으로 단풍이 드는데 매우 아름다워요. 가을에 익는 열매에는 날개가 달려 있어요.

느티나무
산기슭이나 골짜기에서 자라는 키 큰 나무예요. 느티나무 잎은 이른 봄에는 밝고 깨끗한 녹색을 띠다가 가을에는 노랗다가 붉은색으로 단풍이 들어요.

마을 가까이에서 흔하게 볼 수 있어요. 가을이 되면 노랗다가 점차 아주 선명한 붉은색으로 단풍이 들어요. 가을에 영그는 붉나무 열매는 짠맛이 나요.

붉나무

신갈나무
산에서 흔하게 볼 수 있는 신갈나무는 줄기가 매우 곧게 자라요. 잎은 달걀을 거꾸로 세워 놓은 모양이거나 긴 타원형이에요. 가을이 되면 노란 갈색으로 단풍이 들어요.

박달나무
달걀 모양의 잎은 끝이 점점 뾰족해져요. 가을에는 노랗게 단풍이 들어요. 나무가 아주 단단해서 건축이나 가구를 만들 때 사용돼요.

이팝나무
봄이면 향기로운 흰 꽃이 초록 잎이 안 보일 정도로 많이 펴요. 가을에는 짙은 보랏빛 열매가 영글며 잎은 노란색으로 단풍이 들어요.

담쟁이덩굴
담을 기어오르며 자라요. 가을이면 열매가 검푸른 색으로 익어요. 잎은 세 갈래로 갈라진 모양인데 가을에 붉게 단풍이 들어요.

나무의 사계절_가을

왕벚나무의 가을
꽃보다 나중에 자라는 잎은 가을이 되면 붉은색이 되거나 노란색으로 되기도 해요. 이렇게 단풍이 들었다 곧 낙엽으로 떨어져요.

소나무의 가을
달걀 모양의 열매가 가을에 노란빛을 띤 갈색으로 익어요. 다 익으면 열매 조각이 벌어지면서 검은 갈색 씨앗이 나와요. 씨앗에는 긴 날개가 있어서 바람에 날아가요.

입맛 당기는 먹거리를 담아 낸 속담이에요

어느 계절보다 날이 좋은 가을이라서 말도 살이 찐다고 하니 사람은 두말할 것도 없을 거예요. 특히 가을은 한 해 농사의 수확을 거두는 때라서 먹을거리가 넉넉해요. 무더위에 지친 입맛을 다시 찾기 위해서인지 가을 속담에는 여러 음식 재료와 관련된 속담들이 많아요. 가을을 담아 낸 속담을 보면 제철 음식을 알 수 있어요.

가을 전어 머리에는 깨가 한 되다
가을 전어는 영양가가 풍부해요. 그래서 가을에 먹는 전어의 맛이 유독 좋다는 내용을 담고 있어요. 비슷한 속담으로 '가을 전어 굽는 냄새에 집 나간 며느리도 돌아온다.'는 속담도 있어요.

가을 아욱국은 사립문을 닫고 먹는다
아욱은 가을이 제철이에요. 맛도 좋고 영양도 좋아요. 아욱국이 너무 맛있어서 혼자 몰래 먹겠다고 사립문을 닫고 먹는다는 뜻이에요.

가을 상추는 문 걸어 잠그고 먹는다
일 년 내내 먹을 수 있는 상추지만 가을 상추가 제일 맛있어요. 너무 맛있어서 다른 사람이 빼앗아 먹을까 봐 혼자 문을 걸어 놓고 먹는다는 내용이 담긴 속담이에요.

가을 새우는 굽은 허리도 펴게 한다
가을 새우는 맛이 무척 좋아서 노인의 굽은 허리가 곧게 펴질 정도라는 뜻이에요. 새우에는 뼈 건강에 좋은 칼슘이 많이 들어 있어서 이런 속담이 나온 듯해요.

가을비는 빗자루로도 피한다
여름과는 달리 가을에는 비가 많이 내리지 않아요. 그래서 얼기설기한 빗자루로도 충분히 피할 수 있어요. 비슷한 속담으로 '가을비는 장인 구레나룻 밑에서도 피한다.'가 있어요.

가을에는 부지깽이도 덤빈다
부지깽이는 죽은 나뭇가지예요. 가을은 한 해 농사를 마무리 지어야 할 때라 많이 바빠요. 죽은 나뭇가지라도 일을 해야 할 만큼 한 사람의 일손이라도 더 있었으면 좋겠다는 뜻을 담고 있어요.

가을 부채는 시세가 없다
부채의 값어치는 여름에나 있어요. 가을에는 선선한 바람이 불어오기 때문에 부채가 필요 없어요. 때가 지나면 아무런 가치가 없다는 것을 이야기할 때 쓸 수 있는 속담이에요.

모기도 처서가 지나면 입이 삐뚤어진다
처서 절기가 되면 아침저녁으로 차가운 바람이 조금씩 불어오면서 서서히 더위가 물러갈 때예요. 여름에 활발히 활동하던 모기도 처서가 되면 기운이 약해진다는 뜻을 담고 있어요.

귀여운 다람쥐야, 안녕!

한로가 지나면 제비도 강남으로 간다
한로는 찬 이슬이 맺히기 시작하는 절기예요. 가을이 깊어지고 겨울이 다가오지요. 이때쯤 되면 우리나라를 떠나 따뜻한 나라로 떠나는 새들이 있어요. 제비도 따뜻한 곳을 찾아 우리나라를 떠나요.

가을 다람쥐 같다
가을 다람쥐는 겨울을 나기 위해 도토리, 밤, 땅콩 등을 입에 한가득 물고 나무 구멍을 수시로 오가며 열심히 모아요. 추운 겨울을 대비해 가을에 바쁘게 움직이는 사람을 빗대서 말하는 속담이에요.

영양 가득한 가을 음식을 먹어요

더운 여름을 지내느라 많이 힘들었어요. 입맛도 떨어지고 기운도 없어진 듯해요. 체력을 키우기 위해서는 무엇보다 잘 먹고 운동도 열심히 해야 해요. 더군다나 가을은 날이 좋아서 입맛이 좋아진다고 해요. 이럴 때 영양이 가득 들어 있고 맛도 좋은 가을의 제철 음식을 먹으면 우리 몸이 튼튼해질 거예요.

고구마는 역시 달아!

대하
크기가 15센티미터 이상이 되는 새우를 말해요. 가을 대하는 살이 통통하게 올라 맛이 좋아요. 굽거나 튀겨 먹으면 감칠맛과 고소한 맛이 나요.

귤
주로 제주도에서 재배되는 귤은 새콤달콤해요. 껍질을 까서 속을 먹고 껍질은 말려서 차로 만들어 마시면 감기 예방에도 좋아요.

고등어
대표적인 등푸른 생선으로 뇌 기능을 좋게 하는 영양소가 많아요. 구워 먹거나 무와 같이 조려 먹으면 감칠맛이 더 좋아요.

광어
자연산 광어는 살이 도톰하게 오른 가을에 가장 맛있어요. 회로도 먹고 비린내가 없어서 국이나 탕으로 끓여 먹으면 고소한 맛이 나요.

배추
김치를 만드는 데 꼭 필요한 배추는 버릴 것이 하나도 없는 채소예요. 국으로 끓여 먹으면 단맛이 날 정도로 가을 배추는 특히 맛이 있어요.

꽃게
꽃게는 가을에 살이 꽉 차 있어서 영양이 아주 좋아요. 또한 달달하고 감칠맛이 나며 부드러워서 더욱 맛있어요.

송이버섯
추석 전후에 나오는 송이버섯은 버섯 중에서 최고예요. 워낙 귀해서 값이 무척 비싸요. 날로 먹으면 독특한 향과 고소한 맛을 느낄 수 있어요.

더덕
영양이 좋아 산에서 나는 고기라고 해요. 가을에 최고로 영양가가 높아져요. 쌉싸름한 맛이 나고 향도 무척 강해요. 생으로 먹거나 고추장 양념을 발라서 구워 먹어요.

늙은 호박
여름에 따지 않고 두면 겉이 단단하고 씨가 잘 여문 누런색의 호박이 돼요. 노란 속살로 죽을 만들거나 호박전을 만들어 먹으면 달달하고 부드러운 맛이 나요.

전어
옛날 책에 기름이 많고 달다는 기록이 있을 정도로 가을 전어는 고소하고 비린내가 적어요. 회로도 먹고 구이로 먹어도 맛있어요.

고구마
추석이 가까워지면 고구마를 캐요. 달콤한 맛이 있으며 식이 섬유가 많아요. 구워 먹거니 쪄 먹어요. 고구마 줄기는 나물로 해 먹어요.

제철 음식 먹고 힘내자!

수수
다섯 가지 곡물 중의 하나인 수수는 구수한 맛이 나요. 잡곡밥을 만들어 먹거나 수수팥떡, 수수부꾸미 등을 만들어 먹어요.

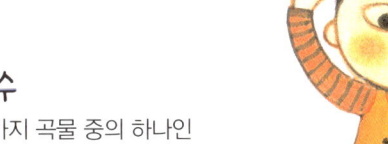

활기차고 씩씩하게 가을을 보내요

더운 여름이 지나고 가을이 되었어요. 날이 좋아 여러 활동을 많이 할 수 있지만 일교차도 심해지고 건조해지면서 건강도 돌봐야 해요. 건강을 지키려면 물을 자주 마시고 규칙적으로 생활하고 제철 음식을 먹는 것이 좋아요. 또 가을에만 할 수 있는 다양한 활동을 하면서 가을을 느끼며 즐거운 생활을 하는 것도 좋아요. 덥지도 춥지도 않아 활동하기 가장 좋은 계절인 가을을 건강하게 지내요.

가을 전염병
유행성 출혈열, 쯔쯔가무시병, 렙토스피라증은 야외 활동이 많은 가을에 자주 발생하는 전염병이에요. 야외 활동을 할 때 피부 노출을 줄이는 등 주의를 기울여요.

가을 운동회
가을이 되면 운동회를 해요. 전 학년이 청군, 백군으로 나뉘어 줄다리기, 이어달리기, 공굴리기, 박 터트리기, 학부모 달리기 등 다양한 프로그램으로 즐거운 시간을 가져요.

나뭇잎으로 미술 활동하기
가을에는 알록달록한 낙엽이 많아요. 이를 이용해 나뭇잎의 색깔, 모양, 크기 등을 살펴보고 나뭇잎 꾸미기, 가면 만들기 등 다양한 미술 활동을 해 보아요.

독감 예방
독감은 감기와 달라서 독감 바이러스 때문에 걸려요. 예방을 위해 손을 자주 씻고 면역력을 키워요. 예방 주사를 맞는 것도 좋은데 겨울이 되기 전에 맞아야 효과가 있어요.

면역력 키우기
날씨가 추워지고 건조해지면 면역력이 약해져요. 면역력을 지키려면 여러 영양소가 있는 음식을 규칙적으로 먹어요. 몸을 깨끗이 하고, 운동도 규칙적으로 해요.

환절기 감기 조심
일교차도 커지고, 차고 건조한 바람이 불어 감기에 걸리기 쉬워요. 나갔다 오면 손을 깨끗이 씻고, 찬바람은 쐬지 않는 것이 좋아요. 실내는 건조하지 않게 습도를 잘 유지해 줘요.

단풍놀이
시원한 바람을 맞으며 알록달록 예쁜 색으로 물든 단풍 구경을 가요. 단풍뿐만 아니라 가을에는 억새도 있고 국화도 있어요. 가을에만 볼 수 있는 자연을 느껴 보아요.

가을 느끼기
가을 열매 이름 맞히기, 다양한 곤충 소리 들어 보기, 낙엽 밟는 소리 들어 보기 등. 자연에서 할 수 있는 다양한 가을 활동으로 가을을 즐겨 보아요.

독서 일기 쓰기
가을은 날씨가 좋아서 책을 읽기 좋은 계절이에요. 읽고 싶은 책의 목록을 만들고 책을 읽은 후에는 일기 형식으로 느낌을 적어 보아요.

자연 보호
쓰레기 버리지 않기, 불조심 하기 등. 자연을 해치지 않고 자연을 즐길 수 있는 여러 방법에 대해서 친구들과 이야기를 나눠 보고 실천에 옮겨 보아요.

다양한 가을 축제를 즐겨요

나들이하기 좋은 계절인 가을에는 다양한 축제들이 많아요. 가을이 제철인 다양한 먹거리, 아름다운 색으로 물들이는 단풍과 억새, 풍성한 가을을 더 풍성하게 만들어 주는 문화 행사 등을 주제로 여러 축제들이 열려요. 축제를 준비하는 기관이나 관련 자치 단체를 통해 자세히 알아보고 다양한 가을 축제를 즐겨요.

대장경 세계 문화 축전
세계에서 가장 오래된 팔만대장경의 역사와 우수성을 알리는 축제예요. 대장경과 관련된 다양한 전시는 물론이고 판각 체험, 장경판전 만들기 등의 활동을 통해 대장경에 대해서 자세히 알아볼 수 있어요.

광양 전어 축제
광양에서 열리는 축제예요 가을이 제철인 전어를 직접 잡기도 하고 맛도 볼 수 있어요. 이 밖에도 전통 민요인 전어잡이 노래와 전통 민속인 용지큰줄다리기 등 다양한 민속놀이도 체험할 수 있어요.

순천만 갈대 축제
순천만은 넓은 갯벌과 갈대밭이 유명해요. 이곳에는 다양한 철새들과 갯벌 생물들이 살고 있어요. 특히 가을에는 갈대가 황금빛으로 변하면서 아름다운 풍경을 만들어 내요. 순천만 갈대 축제는 해외에서도 인기가 높아 꼭 가 봐야 할 축제로 손꼽혀요.

안면도는 자연산 대하가 가장 많이 모이는 곳이에요. 맨손으로 대하잡기, 갯벌 체험 등을 할 수 있으며 안면도 백사장의 대하와 꽃게, 낙지 등 가을이 제철인 싱싱한 해산물도 맛볼 수 있는 축제예요.

산정호수 명성산 억새 축제

명성산에는 억새들이 많이 모여 자라요. 가을이 되면 수많은 억새들이 꽃을 피워 아름다운 경치를 만들어요. 산정호수 명성산 일대에서 펼쳐지는 억새꽃 축제를 통해 가을을 마음껏 느낄 수 있어요.

수원화성 문화제

정조 임금의 효심과 세계 문화유산인 수원화성의 우수성을 알리는 축제로 매년 10월에 열려요. 정조대왕 능행차, 야간 무예 공연, 수원화성 축성 체험 등 수원화성의 역사를 알아볼 수 있어요.

마산 가고파 국화 축제

마산은 우리나라 국화 재배의 역사가 있는 곳이며 뛰어난 품질의 국화가 생산되고 있어요. 마산 국화의 우수성을 자랑하기 위해 해마다 가을에 열리는 축제예요. 여러 종류의 국화를 만날 수 있어요.

세계 불꽃 축제

2000년부터 시작된 세계 불꽃 축제는 여의도 한강공원에서 10월 초에 열려요. 국제적인 불꽃 축제로, 여의도 밤하늘을 수많은 불꽃이 화려하게 수놓는 축제예요.

장성 백양 단풍 축제

전라도 장성에 있는 백양산에는 잎이 작고 색깔이 고운 단풍이 드는 것으로 유명해요. 10월 말부터 11월 초까지 장성 백양 단풍 축제를 여는데, 아름다운 단풍을 통해 가을의 정취를 듬뿍 느낄 수 있어요.

청송 도깨비 사과 축제

맛이 좋기로 유명한 청송 사과의 우수성을 알리는 축제예요. 특히 청송 사과와 도깨비 이야기를 엮어서 도깨비 불놀이, 사과 도깨비 퍼레이드 등 다양한 프로그램은 물론이고 청송 사과도 맛볼 수 있어요.

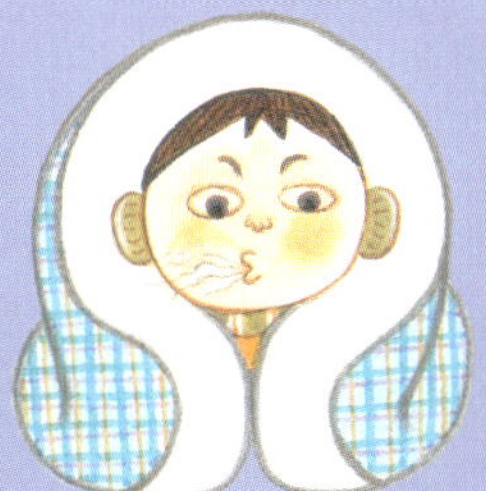

12월부터 2월까지가 사계절의 마지막인 겨울이에요.

손이 꽁꽁 얼 것 같은 추위, 쌩쌩 부는 바람, 앙상하게 가지를 드러내고 있는 나무들.

겨울은 날이 추워서 활동하기 힘든 계절이에요. 하지만 온 세상을 하얗게 덮은 눈을 보면

우리 마음도 저절로 하얘지는 것 같아요. 눈이 내리면 신나게 눈싸움도 하고

얼음이 얼면 신나게 썰매도 타지요. 추워서 힘들기도 하지만 즐거운 것도 많아요.

눈이 내리고 얼음이 얼어요

공기가 어떻게 움직이느냐에 따라 날씨도 달라지고 계절도 달라져요. 겨울은 춥고 찬바람도 많이 불고 눈도 내려요. 추위로 모든 것이 꽁꽁 얼어붙어요. 그래도 우리들은 날씨에 잘 적응하며 살아요. 우리나라의 경우 겨울은 남쪽 지방보다는 북쪽 지방에서 더 먼저 오고 더 늦게까지 남아 있어요.

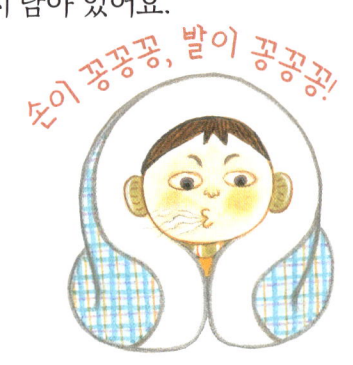

손이 꽁꽁, 발이 꽁꽁!

추운 날씨
겨울에는 낮이 짧고 밤이 길어서 햇볕을 많이 받지 못해 기온이 올라가지 못해요. 또 시베리아에서 차가운 바람이 불어와서 겨울이 추워요.

눈
구름을 이루고 있는 물방울들이 기온이 낮아지면 얼음 알갱이가 되어 땅으로 내려요. 눈이지요. 함박눈은 잘 뭉쳐지고 싸라기눈은 잘게 부스러져요.

겨울바람
우리나라는 계절마다 부는 바람이 달라요. 겨울에는 시베리아에서 북서 계절풍이 불어 오는데, 아주 차갑고 건조한 바람이에요.

결빙
온도가 영하로 떨어져 물이 어는 것이 결빙이에요. 겨울에는 눈이 도로에 있다가 그대로 어는 경우가 많아 운전도 조심하고 걸을 때도 조심해야 해요.

한파 주의보
아침 최저 기온이 영하 12도 이하로 이틀 이상 계속될 때 한파 주의보를 내려요. 기온이 급격히 내려가서 여러 피해가 생길 것을 예상해 미리 대비하라고 발표해요.

삼한 사온

겨울철 날씨의 특징을 일컫는 말로 삼일은 춥고 사일은 따뜻하다는 뜻이에요. 시베리아 기단의 영향을 받으면 춥고 이동성 고기압이 오면 따뜻해요.

지구 온난화

온실가스의 영향으로 지구가 마치 온실처럼 되어서 지구의 온도가 점점 올라가는 현상이에요. 지구 온난화로 빙하가 점점 녹고 있어요.

진눈깨비

비가 섞여 내리는 눈을 말해요. 땅의 기온이 영도 이상이고 하늘의 기온이 영하로 떨어졌을 때 진눈깨비가 내려요. 진눈깨비도 눈의 한 종류예요.

폭설

하루에 20센티미터 이상, 한 시간에 1~3센티미터의 눈이 내리는 것을 폭설이라고 해요. 이렇게 많은 눈이 한꺼번에 내리면 교통도 혼잡하고 산간 지역의 마을이 고립되기도 해요.

고드름

지붕이나 건물 위에 쌓여 있던 눈이 녹아서 흘러내리다 차가운 공기랑 만나면 얼어요. 이렇게 생긴 고드름은 대부분 막대 모양이며 끝이 뾰족해요.

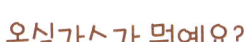

온실가스가 뭐예요?

지구의 공기층을 오염시켜서 온실 효과를 만드는 여러 가스를 온실가스라고 해요. 이산화탄소, 메탄 등이 온실가스지요. 주로 석유나 석탄 같은 화석 연료를 쓰면 많이 나와요.

낮의 길이가 짧아져요

남은 6개의 절기들은 추운 겨울에 들어 있어요. 이때쯤이면 우리를 찾아오는 '동장군'이 있지요. 동장군은 우리를 벌벌 떨게 만드는 추위를 용감한 장군에 빗대서 부르는 말이에요. 동장군이 활발하게 움직이는 겨울에 해당하는 절기는 입동에서 대한까지예요. 겨울 절기에는 대부분 추위나 눈처럼 날씨나 온도와 관련된 뜻이 포함되어 있어요. 추운 계절이라는 특징이 절기 속에 들어 있기 때문이지요.

입동
겨울의 시작을 알리는 입동은 11월 7일경이에요. 입동이 지나면 물이 얼고 땅도 얼기 시작해요. 예전에는 입동 즈음에 밭에서 무와 배추를 뽑아 김장을 했어요.

소설
눈이 내린다는 의미를 갖고 있는 소설이 되면 첫눈이 내릴 때가 많아요. 이때 추워야 보리 농사가 잘된다는 말도 있어요. 이 시기에는 바람이 많이 불어요.

손돌바람
고려 시대 손돌이라는 사공이 왕의 의심을 사서 억울하게 죽었어요. 그 뒤 매년 소설 즈음에 찬바람이 많이 불어서 그때 부는 바람을 '손돌바람'이라고 불러요.

대설
눈이 많이 내린다고 해서 붙여진 이름이지만 대체로 이 시기에 눈이 많이 오지는 않아요. 우리 조상들은 이 시기에 눈이 많이 오면 이듬해에 풍년이 든다고 생각했어요.

맛있는 동지 팥죽!

소한
대한 다음으로 추운 때가 소한이에요. 실제로는 소한이 더 추울 때가 많아요. 눈이 많이 내리는 지방에서는 땔감이나 먹거리를 충분히 저장해 두어야 해요.

대한
24절기 중의 마지막이에요. 대한 날 밤에는 콩을 땅이나 마루에 뿌려서 나쁜 기운을 쫓아내고 새해를 맞이해요.

동지
동지는 낮이 가장 짧고 밤이 가장 길어요. 태양이 지구의 남쪽을 많이 비추기 때문이에요. 동지가 지나면 낮의 길이가 조금씩 길어지지요. 동지에는 팥죽을 쑤어 먹어요.

상달
음력 10월을 신성한 달인 상달로 생각했어요. 새로 난 곡식을 신에게 드리기 좋은 달이라고 여겨서 날을 잡아 집안을 지켜 주는 여러 신에게 고사를 지냈어요.

눈썹 세는 날
새해가 되기 전 날인 섣달그믐에 잠을 자면 눈썹이 하얗게 된다고 했어요. 그래서 밤새도록 불을 밝혀 놓고 잠을 자지 않았어요. 이것을 다른 말로 '수세'라고도 해요.

섣달그믐
한 해의 마지막 날에 집 안에 있는 묵은 때를 말끔히 청소하고 미처 다 끝내지 못한 일들을 마무리해요. 또 남에게 진 빚이 있다면 그것도 다 갚고 새해를 맞이해야 해요.

추운 겨울을 함께 이겨 내요

봄, 여름, 가을, 겨울 계절마다 자연의 모습도 다르고 사람들이 사는 모습도 달라요. 눈도 내리고 얼음도 꽝꽝 어는 겨울에는 그에 맞게 잘 지내야 해요. 무엇보다 추위를 이겨 내기 위해 따뜻하게 지내는 것이 제일 중요해요. 집도 따뜻하게 하고 내 몸도 따뜻하게 해요. 겨울을 잘 지내기 위해 여러 준비들도 해요. 또 이렇게 추울 때는 무엇보다 내 이웃에게 관심을 갖는 것도 잊으면 안 돼요.

김장

춥고 긴 겨울을 나기 위해 많은 양의 김치를 담그는 것을 김장이라고 해요. 배추김치, 깍두기, 동치미 등 여러 종류의 김장 김치를 만들고 잘 저장해서 겨울 동안 먹어요.

영차 영차!

자선냄비

구세군에서 연말에 벌이는 자선 모금 운동에 쓰이는 냄비예요. 구세군들이 치는 종소리를 들으며 빨간색 자선냄비에 정성껏 모금을 해요.

연말 불우 이웃 돕기

날이 추워지면 가난한 사람은 지내기가 더 힘들어요. 소년 소녀 가장, 독거노인, 노숙인 등 불우 이웃을 돕기 위해 김장 나눔, 연탄 나르기 등 다양한 활동을 해요.

크리스마스트리

성탄절을 기념하기 위해 만든 장식품이에요. 푸른 나무에 종, 전등, 눈 모양 등 여러 장식으로 아름답게 꾸며요.

겨울별미 붕어빵!

나무 감싸기
가로수들도 겨울 준비를 해요. 나무 줄기를 볏짚 등으로 감싸 줘요. 이렇게 하면 추위도 막고, 겨우내 이곳으로 해충이 모여드는데, 봄에 볏짚을 벗겨 내면 해충도 같이 없앨 수 있어요.

길거리 겨울 간식
장작으로 고구마를 굽거나 밀가루 반죽에 단팥을 넣어 만든 붕어빵은 겨울철 길거리에서 볼 수 있는 간식이에요. 따끈한 군고구마나 붕어빵은 추위를 잊게 해 줘요.

제설함
염화칼슘이나 모래를 넣어 두는 곳이 제설함이에요. 눈이 내렸을 때 염화칼슘이나 모래를 뿌리면 덜 미끄럽기 때문에 겨울에는 꼭 준비해야 해요.

해맞이
해가 뜨는 것을 맞이하는 것이에요. 1월 1일 새해 들어 처음 뜨는 해를 보기 위해 많은 사람들이 해맞이 명소를 찾아요. 해를 보면서 새해 희망도 갖고 의지도 다져요.

방한 용품
추위를 막기 위해 사용하는 물건이 방한 용품이에요. 우리 몸을 따듯하게 해 주는 두꺼운 외투, 장갑, 털신, 귀마개, 목도리, 내복 등은 겨울에만 볼 수 있어요.

월동 준비
추운 겨울이 되기 전에 미리 준비해요. 땔감, 연료, 난로, 전기담요, 핫팩, 방한 텐트 등 겨울을 따듯하게 보낼 수 있는 다양한 용품들이 많아요.

새해를 맞이하는 설날과 대보름이에요

'까치 까치 설날은 어저께고요. 우리 우리 설날은 오늘이래요.' 설날 노래예요. 설날은 정월 초하룻날(음력 1월 1일)에 맞는 명절이에요. 설날 아침에 차례를 지내고 세배도 하고 떡국도 먹어요. 설날을 지낸 후 보름째 되는 날을 정월 대보름이라고 해요. 정월 대보름은 큰 보름달이 뜨는 날로 부럼도 깨고 오곡밥도 먹어요. 설날과 대보름을 가장 큰 명절로 생각했는데, 모두 한 해 풍년을 기원하고 서로 잘 지내기를 빌었어요.

세배
설날 아침 어른들께 드리는 새해 첫 인사예요. 세배를 하면서 한 해 동안 좋은 복을 받기를 빌어요. 세배를 받은 어른들은 좋은 말을 해 주고, 세뱃돈도 주지요.

떡국 먹고 한 살 더 먹자!

떡국
가래떡은 쌀로 만든 희고 긴 떡이에요. 가래떡을 얇게 썰어 떡국을 끓여요. 설날에 떡국을 먹으면 한 살을 더 먹는다고 생각했어요.

윷놀이
윷을 던지고 말판에 말을 놓아 먼저 들어오면 이기는 놀이예요. 윷이 뒤집어지고 엎어지는 모양에 따라 도, 개, 걸, 윷, 모가 돼요.

묵은세배
섣달그믐에 웃어른께 한 해를 잘 보냈다는 것을 알리며 하는 인사를 묵은세배라고 해요. 사당이 있는 집에서는 저녁에 사당제도 지냈어요.

부럼을 깨 볼까?

연날리기
아주 오래전부터 하던 놀이예요. 방패연, 가오리연 등 다양한 연을 날려요. 연 멀리 날리기, 연줄 끊어 먹기 등 다양한 놀이 방법이 있어요.

널뛰기
길고 두툼한 널빤지 아래 가운데 부분을 짚단으로 괴어요. 양쪽 끝에 한 사람씩 올라서서 번갈아 뛰면서 즐기는 놀이예요. 명절 때 주로 여자들이 많이 했어요.

오곡밥
찹쌀, 차조, 팥, 수수, 검은콩으로 밥을 지어서 정월 대보름에 먹어요. 반찬으로는 그동안 잘 말려 두었던 호박고지, 박고지, 고사리 등 아홉 가지 나물을 먹어요.

부럼 깨기
보름날 아침에 호두, 땅콩, 잣 같이 딱딱한 것을 깨 먹는 것이에요. 부럼을 깨면 이가 단단해지고 일 년 동안 부스럼도 나지 않는다고 믿었어요.

줄다리기
새끼로 꼬아 만든 줄을 양편에서 마주 잡아당겨 중심을 먼저 끌어오면 이기는 놀이예요. 협동심이 아주 중요해요. 이기는 편이 그해 농사에 풍년이 든다고 했어요.

쥐불놀이
횃불로 논과 밭두렁에 있는 마른 풀에 불을 놓아 태우는 풍습이에요. 불을 놓으면 해충도 없애고 나쁜 기운도 몰아낸다고 생각했어요. 쥐불을 놓을 때는 불조심을 해야 해요.

지신밟기
땅을 지키는 신을 지신이라고 해요. 농악대와 함께 지신을 밟으면서 그 터에 있는 나쁜 기운을 몰아내고 그곳에서 사는 사람들에게 건강과 평안을 빌어 주어요.

추위도 아름답게 피어요

바람이 차갑게 불고 기온도 많이 내려갔어요. 차가운 날씨 때문인지 풍성했던 나뭇잎은 모두 떨어지고 앙상한 가지만 남았어요. 세상이 꽁꽁 얼어 버릴 것 같은 겨울이에요. 그런데 이 겨울에도 아름답게 피는 겨울 꽃이 있어요. 다른 계절에 비해 꽃을 피우는 식물이 많지는 않지만 추위를 이겨 내고 아름다운 꽃을 피워요. 따뜻한 남쪽 지방에서 피는 꽃들도 더러 있으며 실내나 원예 작물로 꽃을 피우는 것들도 많아요.

동백
추운 겨울부터 이른 봄까지 진한 붉은색 꽃이 피어요. 향기가 없는 대신 꽃의 붉은색을 보고 동박새가 찾아와요.

군자란
온실이나 실내에서 재배해요. 줄기가 없으며 잎 틈으로 주황색 꽃이 피어요. 꽃이 피는데 오랜 시간이 걸려요. 꽃뿐만 아니라 넓고 긴 잎이 보기 좋아요.

게발선인장
꽃은 게의 발과 닮은 줄기 끝에서 펴요. 붉은색, 오렌지색의 꽃이 많고 흰색, 분홍색, 자주색 등의 꽃도 펴요. 꽃 모양은 일정하지 않지만 주로 겨울철 낮에 활짝 펴요.

개쑥갓
잎이 쑥갓처럼 생겼으며 거의 일 년 내내 꽃이 피어 있어 겨울에도 꽃을 볼 수 있는 식물이에요. 길가에서 흔하게 볼 수 있으며 노란색의 꽃이 피어요.

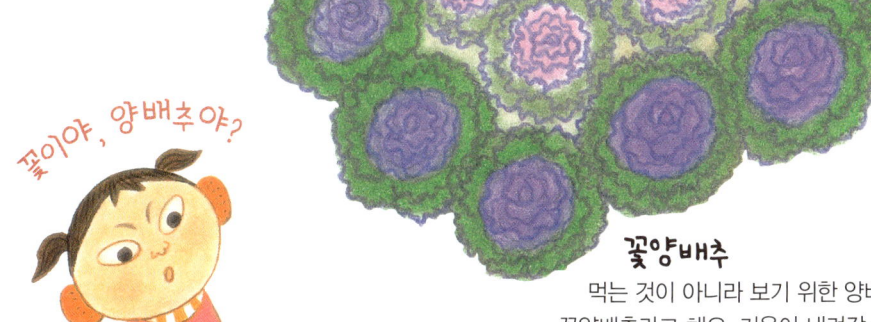

꽃양배추
먹는 것이 아니라 보기 위한 양배추라 꽃양배추라고 해요. 기온이 내려갈수록 잎에 다양한 색이 물들어요. 진분홍색, 진보라색, 흰색 등의 잎이 꽃처럼 예뻐요.

춘란
꽃이 일찍 피기 때문에 보춘화라고도 불러요. 꽃잎은 노란빛을 띤 초록색이며 한 뿌리에서 하나에서 두 개 정도의 꽃이 피어요.

복수초
눈과 얼음 사이를 뚫고 숲속 그늘에서 노란색 꽃이 피어요. 복수초라는 이름에는 복을 많이 받고 오래 살기를 기원한다는 뜻이 담겨 있어요.

천리향
남부 지방에 자라는 백서향나무를 다른 말로 천리향이라고 불러요. 향기가 천리까지 간다고 해서 천리향이라고 해요. 겨울이면 흰색, 연분홍색의 꽃이 피어요.

광대나물꽃
햇빛이 잘 드는 밭이나 길가에서 자라는 풀로 따뜻한 남부 지방에서는 겨울에도 꽃이 피어요. 붉은 보라색 꽃이 둥글게 뭉치면서 피어요.

수선화
가늘고 긴 잎은 늦가을에 자라기 시작해요. 긴 줄기 끝에 흰색, 주황색, 노란색 꽃이 겨울부터 이른 봄까지 피어요. 뿌리는 약재로 쓰여요.

추운 겨울을 우리나라에서 지내요

추운 바람이 부는 하늘을 바라보면 유독 많은 새들이 무리를 지어 날아다니는 것을 볼 수 있어요. 추운 겨울을 우리나라에서 보내기 위해 아주 먼 곳에서부터 날아오는 새들이에요. 이 새들을 겨울새라고 해요. 늦가을 우리나라를 찾아와 겨울을 보내고 이듬해 봄에 다시 북쪽으로 가는 겨울새들은 주로 갯벌이나 논과 밭의 평지, 강이나 호수, 산과 들에서 무리를 지어 살아요.

큰기러기
일반 기러기보다 짙은 갈색을 띠며 몸집도 커요. 흔한 겨울새로 우포늪이나 금강에 가면 무리 지어 지내는 큰기러기 떼를 볼 수 있어요.

혹고니
온몸이 흰색이지만 콧등에 검은 혹이 달려 있어서 혹고니라고 해요. 짝짓기 무렵 혹이 더 커져요. 우리나라 동해안과 남해안의 호수나 저수지 등에서 겨울을 지내요.

가창오리
전체적으로 갈색이며 얼굴에는 노란색과 녹색이 어우러진 무늬가 있어요. 가을이 되면 전 세계에 있는 가창오리의 대부분이 우리나라를 찾아와요.

황새
넓은 습지와 저수지 등에서 살아요. 몸 전체가 흰색이며 다리는 붉은색, 부리는 검정색이에요. 몸길이가 1미터가 넘으며 목과 다리를 쭉 펴고 날아요.

따오기
'따옥따옥' 하고 울어요. 뾰족하고 긴 부리를 가졌으며 겨울에는 온몸이 흰색이에요. 예전에는 흔하게 볼 수 있는 새였지만 이제는 개체 수가 많이 줄어 천연기념물로 보호하고 있어요.

노랑부리저어새
부리가 유난히 길며 짝짓기 무렵에는 부리 끝이 노란색을 띠어요. 겨울에는 암수 모두가 흰색이에요. 우리나라 서해안 습지 등에서 겨울을 지내요.

두루미
온몸이 흰색이며 대가리 꼭대기는 붉어요. 큰 무리를 지어 생활하며 쉴 때에도 한두 마리는 꼭 경계를 서요. 잘 때는 한쪽 다리를 들고 대가리를 깃털 속에 파묻어요.

독수리
겨울에는 온몸이 흑갈색이에요. 시력이 좋아서 아주 높은 곳에서도 먹이를 잘 찾아요. 넓고 긴 날개를 쭉 펴고 힘차게 날지만 다리가 작고 약해서 잘 걷지는 못해요.

쇠부엉이
북쪽에서 짝짓기를 하고 가을에 우리나라를 찾아와 겨울을 지내요. 온몸이 황갈색이고 가슴과 배에는 검은색 무늬가 있어요. 천연기념물로 보호하고 있어요.

개똥지빠귀
새끼를 다 키워 놓고 가을에 우리나라를 찾아와요. 흔하게 볼 수 있는 겨울새로 머리부터 등까지는 회색이나 갈색이고 꼬리와 날개는 진한 갈색이에요.

겨울 속담 속에 추운 겨울이 담겨 있어요

"눈이 많이 내리면 이듬해에 풍년이 든다. 겨울이 따뜻하고 봄이 추우면 흉년이 든다." 할머니 할아버지에게 이런 이야기를 들어 보았나요? 이렇게 우리 조상들은 직접 체험하고 느꼈던 것들을 속담으로 남겨 놓았어요. 겨울 속담에는 추운 날씨, 하얗게 내리는 눈, 차가운 바람과 같이 겨울이라는 계절이 가지고 있는 날씨의 여러 특징들이 많이 담겨 있어요.

겨울 날씨 좋은 건 못 믿는다
겨울에는 날씨가 좋았다가도 갑자기 기온이 내려가기도 하고 눈이 내리기도 해서 미리 예측을 할 수 없어요. 겨울 날씨가 아무리 좋아도 언제 변할지 몰라 믿을 수 없다는 말이에요.

겨울밤이 길다 해도 내 새끼줄만은 못하다
겨울밤은 길어요. 아무리 겨울밤이 길어도 농부가 밤새도록 꼰 새끼줄의 길이만큼은 안 된다는 거예요. 농부들은 추운 겨울밤에도 일손을 쉬지 않는다는 것을 강조한 속담이에요.

겨울이 다 되어야 솔이 푸른 줄 안다
소나무는 사철 푸른 상록수지만 평소에는 잘 모르다가 하얀 겨울이 되면 초록 잎이 도드라져 보여요. 어려운 상황에서 훌륭한 사람이 뚜렷이 보일 때 이 속담을 사용할 수 있어요.

겨울 소 팔자다
농한기인 겨울에는 소가 할 일이 없어요. 주인이 주는 먹이를 먹으며 한가롭게 지내는 것이 전부예요. 이 속담은 소처럼 일도 하지 않고 편하게 놀고 먹는 사람을 일컬을 때 사용할 수 있어요.

겨울이 지나지 않고 봄이 오랴

계절의 순서는 거스를 수 없어요.
겨울이 지나야 봄이 오는 법이지요.
무슨 일이든 순서가 있고 아무리
급해도 그 순서를 어길 수 없다는
것을 의미하는 속담이에요.

동지섣달 해는 노루 꼬리만 하다

노루는 사슴과 동물 중에서 유독 꼬리가 짧아서 잘 보이지
않아요. 그 짧은 노루 꼬리처럼 하루도 너무 짧아서 일할
시간이 없다는 의미를 갖고 있어요. 동지섣달은 한겨울을
말해요.

겨울에 베옷이다

베옷은 얼기설기 만들어졌기 때문에
여름에 입으면 시원해요. 그런 베옷은
겨울 추위를 막을 수 없어요. 어떤 문제를
해결하는 데 별다른 도움이 되지 못하는
상황을 이야기할 때 사용할 수 있어요.

대한에 얼어 죽은 사람은 없어도 소한에 얼어 죽은 사람은 있다

소한이나 대한이나 모두 겨울 절기예요.
대한은 큰 추위, 소한은 작은 추위를
말하지요. 뜻 그대로라면 대한이 더
추워야 하는데 실제 날씨를 보면 소한이
훨씬 추워서 생긴 속담이에요.

정이월에 대독 터진다

정이월쯤 되면 추위가 줄어들
것이라 생각해요. 하지만 추위가
다 간 것이 아니라서 가끔 너무 추워서
대독이 터질 수도 있다는 의미예요.
마음놓지 말고 항상 추위에 대비하라는
뜻이지요. 대독은 큰 항아리를 말해요.

겨울바람이 봄바람보고 춥다고 한다

봄바람이 아무리 추워도 겨울바람만큼은 아닌데
겨울바람이 봄바람더러 춥다고 한다는 뜻이에요.
자기의 큰 잘못은 보지 못하고 남의 작은 잘못만
트집 잡는 것을 이야기할 때 쓸 수 있어요.

따뜻하게 겨울을 보내요

겨울에는 날이 추워서 감기에 걸리기 쉬워요. 감기에 걸리기 않도록 따듯하게 입고 몸에 좋은 음식도 먹어요. 춥다고 집에만 콕 박혀 있는 것은 건강에 좋지 않아요. 바깥에 나가 친구들과 같이 눈싸움도 하고 썰매도 타요. 추운 겨울에 바깥 활동을 할 때에는 장갑이랑 모자는 꼭 챙겨 춥지 않게 해요. 겨울에도 신나게 지내야 건강하게 보낼 수 있어요.

동상
추위에 오래 드러나 있으면 살갗이 얼고 피가 잘 돌지 않아요. 동상에 걸린 거지요. 귀, 손가락, 발가락 등에 자주 발생해요. 피부가 추위에 오래 노출되지 않도록 하고 장갑이나 양말로 보온을 해요.

실내 운동 하기
날이 춥다고 가만히 있으면 안 돼요. 실내 자전거 타기, 탁구, 실내 야구 등 실내에서도 할 수 있는 다양한 운동으로 건강을 지져요. 운동 전후에는 꼭 스트레칭을 해요.

습도 유지
겨울에는 난방을 많이 하기 때문에 습도가 많이 떨어지고 건조해져요. 습도를 잘 유지해야 감기도 덜 걸려요. 가습기를 이용하거나 방 안에 식물을 두는 것도 좋아요.

저체온증
체온이 정상보다 많이 떨어지면 몸에 이상이 생겨요. 심하면 목숨이 위험해요. 따듯하게 입어 몸에서 열이 빠져나가지 않도록 예방해요. 또 추운 날에는 밖에 오래 있지 않아요.

피부 건조
건조한 겨울은 피부 건강에도 좋지 않아요. 가려움증도 생기고 아토피는 더 심해져요. 미지근한 물에 샤워하고 피부가 촉촉해지는 보습제를 사용하는 것도 좋아요.

겨울철 불조심
난로, 전기담요 등 겨울에는 추위를 이기기 위해 다양한 난방 용품을 사용해요. 이로 인해 겨울철 화재도 많이 발생하지요. 난방 기구는 쓰지 않으면 꼭 전원을 꺼 두어요.

겨울 옷차림
춥지 않게 따뜻한 외투를 입어요. 내복을 입으면 한결 더 따뜻해요. 바깥에 나갈 때에는 목도리, 귀마개, 장갑, 털신 등으로 추위를 막아요.

빙판길 조심
겨울에는 길이 꽝꽝 얼어 미끄러지기 쉬워요. 빙판에서 미끄러지면 크게 다쳐요. 길을 걸을 때는 주머니에 손을 넣지 않고 걸어야 해요. 또 핸드폰을 보며 걷지 않아요.

겨울 일광욕
겨울에는 바깥 활동도 줄고 두꺼운 옷을 입고 있어서 햇빛을 직접 받을 시간이 짧아요. 그래서 비타민 D가 부족하기 쉬워요. 짧은 시간이라도 자주 산책을 하면서 햇빛을 쬐어요.

겨울 식중독
겨울에도 식중독, 장염을 일으키는 노로바이러스가 있어요. 예방을 위해서 손을 깨끗이 씻어요. 끓인 물을 먹고, 그릇 등도 소독해요.

겨울눈으로 겨울을 이겨 내요

몇몇 나무들은 추운 겨울에도 초록잎을 자랑하지만, 대부분의 나무들은 잎도 떨어지고 가지만 앙상하게 남아요. 나무들은 겨울을 지내기 위해 겨울눈을 만들어요. 겨울눈은 여름부터 가을에 걸쳐 만들어지는데, 다음 해 봄이 오면 잎이 되고 꽃이 되어요. 가지 끝에 생기는 겨울눈은 부드러운 털로 싸여 있거나 기름이 있는 껍질을 덮고 있기도 해서 추위를 이겨요. 겨울 나무에는 시든 잎이 떨어져 나가면서 생긴 잎자국도 있어요.

모과나무
공원에 많이 있는 모과나무는 겨울에는 잎이 모두 져요. 겨울눈은 동그랗게 약간 찌그러진 공 모양이에요. 잎자국은 삼각형 모양이에요.

앵두나무
겨울에 낙엽이 떨어지는 나무예요. 겨울눈이 3개씩 나란히 달려 있는데, 어떤 것은 동물의 발굽처럼 생겼어요. 겨울눈 하나에 꽃 한 송이가 나와요.

산뽕나무
해가 잘 드는 산에서 자라는 산뽕나무는 오디라는 열매를 맺어요. 겨울눈은 밝은 갈색인데, 달걀 모양이에요. 잎자국은 동그랗게 생겼어요.

느티나무
마을 어귀 큰 나무는 거의 느티나무예요. 가지 끝 부분에 검은 자주색의 겨울눈이 있고 그 옆에는 조금 작은 눈이 하나 더 있어요. 잎자국은 반원형이에요.

상수리나무
상수리 열매는 농사가 흉년이 들었을 때 식량 대용으로 이용하기도 했어요. 짙은 갈색을 띠는 겨울눈은 비늘처럼 층층이 싸여 있어요. 잎자국은 반원형이에요.

사철나무

사계절 내내 잎이 푸르다고 해서 사철나무예요. 가지 양옆에 마주나는 겨울눈은 통통한 달걀 모양이에요. 겨울에도 열매가 달려 있는데, 4조각으로 갈라져 붉은 씨가 보여요.

백목련

흰색 목련이 피어서 백목련이에요. 연회색의 솜털이 나 있는 겨울눈은 마치 붓과 모양이 비슷해요. 꽃이 나올 겨울눈은 크고 둥글고 잎이 나올 겨울눈은 작고 가늘어요.

버드나무

냇가나 호수 근처에서 잘 자라요. 버드나무의 겨울눈은 가운데가 불룩한 무딘 원뿔 모양을 하고 있어요. 노란 갈색을 띠며 겉은 짧은 털이 덮여 있어요.

플라타너스

도시의 가로수로 많이 심는 나무예요. 녹색의 크고 끈적이는 겨울눈은 잎의 잎줄기 안에서 만들어져요. 겨울이 되면 모습을 드러냈다가 봄이 되면 어린 싹을 틔워요.

쥐똥나무

전국의 산과 들에서 흔하게 볼 수 있는 나무예요. 겨울눈은 갈색이에요. 약간 통통한 원뿔 모양인데 크기가 작아요. 검은 쥐똥같이 생긴 열매는 겨울에도 달려 있어요.

나무의 사계절_겨울

왕벚나무의 겨울

겨울눈은 가지 끝에 여러 개가 모여서 나요. 짙은 갈색의 원뿔형 모양이며 부드러운 털이 나 있어요.

소나무의 겨울

가늘고 긴 바늘 잎이 겨울에도 늘 푸르러서 늘 푸른 상록수라고 해요. 소나무의 겨울눈은 붉은 갈색을 띠고 있어요. 작고 부드러운 솔방울처럼 생겼어요.

땅을 쉬게 해요

한 해 농사가 드디어 끝났어요. 겨우내 배불리 먹을 수 있는 것은 봄, 여름, 가을 동안 열심히 농사일을 했기 때문이에요. 그래서 겨울에는 농사일을 쉬어요. 열심히 작물을 키워 냈던 땅도 쉬어야 내년에 또 농사를 지을 수 있으니까요. 농부들도 마찬가지예요. 예전에는 날이 추워서 겨울이 되면 특별히 할 수 있는 농사일이 없었어요. 하지만 요새는 비닐하우스도 생기고 다양한 방법으로 벼농사 외에 다른 농사일을 할 수 있어요.

농한기
농사일이 바쁜 철을 농번기라 하고 반대로 농한기는 농사일이 한가한 때를 말해요. 겨울과 이른 봄을 농한기라고 해요.

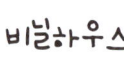

비닐하우스
비닐로 터널이나 집처럼 만든 거예요. 바깥 기온의 영향을 덜 받고 일 년 내내 식물을 재배할 수 있어요.

퇴비 만들기
자연에서 얻을 수 있는 재료로 다음 해 농사에 쓸 퇴비를 만들어요. 밭에 있는 여러 작물들의 찌꺼기들과 숲에 있는 낙엽은 친환경 퇴비를 만드는 데 아주 좋아요.

메주 쑤기
메주는 입동 무렵에 만들었어요. 콩을 삶은 뒤 찧어서 덩어리를 만들고 발효를 시켜요. 메주는 간장, 된장, 고추장을 만들기 위해서는 꼭 있어야 할 기본 재료예요.

보리밟기
겨울에 할 수 있는 밭농사 일이에요. 보리싹이 들뜨지 않고 뿌리가 잘 내리도록 보리밭을 밟아 주어요. 그렇게 하면 보리가 잘 자랄 수 있어요.

농기계 정비
농사철에 많이 사용했던 트랙터, 콤바인 등의 농기계와 호미, 쟁기와 같은 농기구를 잘 정비해 놓아요. 그래야 내년 농사에 또 사용할 수 있어요.

시설 작물 재배
멜론, 토마토, 수박, 오이와 같은 작물들은 겨울에도 시설에서 충분히 재배할 수 있어요. 비닐하우스나 유리온실과 같은 시설을 사용하여 작물을 재배해요.

소 돌보기
예전 농사에는 소가 중요했어요. 농한기에는 소도 쉬는데 내년 농사를 위해 잘 돌봐 주어야 해요. 소 먹이를 위해 볏짚을 운반하고 쇠죽도 끓여 먹이고 외양간도 청소해요.

새끼 꼬기
농한기에는 볏짚을 이용해 생활에 필요한 도구를 만들었어요. 새끼를 꼬아 가마, 망태기, 짚신, 멍석, 꾸러미 등을 만들었어요.

노지 재배
노지 재배는 자연 그대로인 상태에서 작물을 가꾸는 거예요. 마늘, 양파, 양배추 같은 것들은 겨울에도 비닐하우스를 덮지 않은 땅에서 재배할 수 있어요.

된장, 간장 담그기
된장과 간장은 음식의 간을 맞추는 데 기본이 되는 발효 식품이에요. 메주를 잘 띄워서 입동이 되기 전에 소금물에 담궈 놓아요. 그리고 한두 달 정도 지난 뒤 건져요. 이때 우러난 물은 간장이 되고 건더기는 된장이 돼요.

겨울에는 따듯한 음식을 먹어요

요즘은 비닐하우스 재배, 냉장 식품 등으로 계절과 상관없이 언제든 원하는 음식을 먹을 수 있어요. 하지만 제철 음식은 제철에 나는 것들이라 무엇보다 신선해요. 또한 영양소도 풍부하기 때문에 맛도 좋고 건강에도 도움이 돼요. 겨울철에도 제철에 나는 여러 식품이 있어서 맛나게 먹을 수 있어요. 특히 겨울에는 추위를 녹여 주는 따듯한 음식이 좋아요.

한라봉
귤처럼 생겼지만 꼭지가 튀어나왔고 표면도 거칠고 귤보다 커요. 즙도 많고 단맛이 강해요. 비타민 C가 많이 들어 있어요.

꼬막
바다에 사는 조개로 쫄깃한 맛이 나요. 삶아서 초고추장에 찍어 먹거나 양념에 무쳐 먹어요. 특히 전라도 벌교 앞바다에서 나는 꼬막이 최고예요.

굴
영양이 많아서 바다의 우유라고 불러요. 바위에 붙어 살아서 '석화'라고도 해요. 추운 겨울에 특히 맛있으며 날로 먹어도 맛있어요.

과메기
겨울 바닷바람에 청어나 꽁치를 잘 말린 것을 과메기라고 해요. 얼고 녹기를 반복하면서 꼬들꼬들해져요. 초고추장에 찍어 먹거나 김, 미역 등에 싸서 먹어요.

명태

겨울이 제철인 명태는 모든 부위를 다 먹을 수 있어요. 살코기는 국이나 탕으로 끓여 먹고 알과 창자는 명란젓, 창난젓 등으로 만들어 먹어요.

가리비

가리비는 껍데기가 부채처럼 생겼어요. 가리비를 넣고 끓이면 국물 맛이 시원해요. 겨울철 가리비 구이도 인기가 많아요.

매생이

남해안에서 많이 나오는 매생이는 파래랑 비슷하게 생겼으며 주로 겨울철에 많이 나와요. 국으로 끓여 먹거나 밀가루와 섞어 반죽해서 전으로 만들어 먹어요.

무

우리나라에서 가장 많이 먹는 채소 중 하나예요. 땅에 묻어 놓으면 겨우내 먹을 수 있어요. 겨울 무는 특히 시원하고 달콤해서 동치미를 담가 먹으면 맛있어요.

팥죽

팥을 삶아 체에 걸러 쌀을 넣고 죽을 쑤어요. 동지 절기에 팥죽을 먹는데 팥의 붉은색이 나쁜 기운을 몰아낸다고 믿었어요.

햇김

김은 겨울철 건강 식품 중의 하나예요. 바삭바삭하고 짭짤한 맛이 있으며 바다 냄새가 날 때도 있어요. 그냥 구워 먹기도 하고 기름을 발라서 구워 먹기도 해요.

방어

기름지고 고소한 맛과 부드럽게 씹히는 맛이 좋아요. 크기가 아주 큰 생선 중의 하나예요. 주로 회로 먹거나 초밥으로 만들어 먹어요.

곶감

가을에 딴 감을 껍질을 벗기고 꼬챙이에 꿰거나 실로 매달아서 말린 것이에요. 겨울철 별미로 쫄깃하고 달아요.

즐거운 겨울 방학이에요

한창 추울 때 얼마 동안 학교를 가지 않아요. 겨울 방학이지요. 너무 춥다고 또 학교에 가지 않는다고 집에만 머물러 있는 것은 좋지 않아요. 특히 겨울 방학이 끝나면 새 학년이 되기 때문에 겨울 방학에는 알찬 계획을 세워 실천해 보아요. 계획을 세울 때에는 너무 무리하게 세우지 말아요. 또 겨울 방학 동안 몸과 마음이 함께 성장할 수 있도록 다양한 활동도 함께 해 보아요.

주제가 있는 방학 만들기
관심과 흥미를 가지고 있는 특정한 주제를 알아 가는 방학으로 만들어요. 역사에 관심이 있다면 방학 동안 '역사 알기'로 주제를 정해 역사 관련 책 읽기, 역사 유적 여행하기 등의 계획을 세워 실천해요.

우리 동네 눈 치우기
겨울에 할 수 있는 봉사 활동 가운데 내 집 앞 눈 치우기가 있어요. 내 집 앞의 눈은 내가 치운다는 생각으로 자원봉사 활동에 참여해요. 친구들과 같이 하면 더 좋아요.

겨울 레포츠 즐기기
스케이트 타기, 눈썰매 타기, 스키 타기 등 겨울이라는 계절을 이용한 놀이를 즐겨요. 신나게 타면 재미는 있지만 혹시 다칠지도 모르니까 안전 장비는 꼭 해요.

눈싸움
눈이 많이 내렸을 때 친구들과 함께 편을 나눠 눈싸움을 해요. 눈을 던질 때는 서로 다치지 않게 조심해요. 눈을 뭉쳐서 눈사람도 만들어요.

겨울 축제 참여하기
동장군 축제, 산천어 축제, 눈꽃 축제 등 겨울에만 열리는 다양한 축제들이 있어요. 가족과 함께 참여해 겨울을 마음껏 즐겨요.

불우 이웃 돕기
자선냄비 등 겨울에 할 수 있는 불우 이웃 돕기 활동이 있어요. 어린이가 참여할 수 있는 불우 이웃 돕기 활동에 참여해 봐요.

새 학년 준비하기
겨울 방학이 끝나면 새 학년이 되어요. 새로운 학년을 맞아 해야 할 공부나 독서 등을 미리 확인해요.

건강 챙기기
겨울에는 바깥 활동이 많이 줄기 때문에 몸이 둔해질 수 있어요. 실내 운동 등을 하면서 건강을 챙겨요.

겨울 민속놀이 즐기기
설, 대보름 등 겨울에 찾아오는 명절에는 널뛰기, 연날리기, 윷놀이 등 다양한 민속놀이가 행해져요. 민속놀이를 즐기면서 우리 명절의 의미를 제대로 알아봐요.

연하장 쓰기
엄마 아빠나 선생님, 친척, 친구들에게 새해를 맞아 축하 인사를 적은 연하장을 보내요. 직접 그림을 그리거나 글로 써서 보내면 더 좋아요.

방학 생활 기록 모으기
방학 동안 그린 그림들, 쓴 일기, 영화 포스터, 여행한 곳의 지도 등 방학 동안 했던 모든 일을 기록으로 남겨요. 느낌이나 소감 등도 써 놓아요.

지은이 황은주

황은주 선생님은 한국방송작가협회 회원으로, 한국방송대학 TV 강좌를 구성하고 있으며, 북부교육청 중등상담교사로
활동하고 있습니다. 1992년 KBS 만화 시나리오 〈깨비는 내 친구〉의 극본 공모에 최우수작으로 당선된 후 본격적으로
글쓰기 활동을 시작했습니다. KBS 제2라디오 〈안녕하세요, 김홍신 김수미입니다〉, 〈재미있는 동물의 세계〉 등의 글을 썼습니다.
그동안 쓴 어린이 책으로는 《100가지 과학 1000가지 상식3 로봇편》, 《뭐, 돌멩이가 보물이라고?》,
《한 권으로 보는 조선의 다섯 궁궐 이야기》, 《정조와 함께 가는 8일간의 화성 행차》, 《소년, 조선의 하늘을 보다》 등이 있습니다.

그린이 강은경

대학에서 일러스트레이션을 전공하고, 현재 전문 일러스트레이터로 활동 중입니다. 한국통신 디자인공모 동상,
한국출판미술대전 순수부문 장려상, 한국출판미술대전 동화부문 동상을 수상했습니다. 주요 작품으로는 《걸리버 이야기》,
《탈무드》, 《피노키오》, 《저승길도 같이 가라》, 《넬슨 만델라》, 《입말로 들려주는 우리 겨레 옛이야기1》,
《초등학생이 가장 궁금해 하는 소중한 우리 꽃 이야기 30》, 《소학에 미친 고집쟁이 김굉필》, 《우리 땅 캠핑 여행》,
《수학으로 범죄 사건을 해결하라!》 등이 있습니다.